孩子的懂事是教出来的

柴一兵 ◎ 编著

北京工业大学出版社

图书在版编目（CIP）数据

孩子的懂事是教出来的/柴一兵编著. —北京：北京工业大学出版社，2015.4（2022.3重印）
ISBN 978-7-5639-4244-2
Ⅰ.①孩… Ⅱ.①柴… Ⅲ.①儿童教育-家庭教育 Ⅳ.①G78

中国版本图书馆CIP数据核字（2015）第050496号

孩子的懂事是教出来的

编　　著：柴一兵
责任编辑：茹文霞
封面设计：胡椒书衣
出版发行：北京工业大学出版社
　　　　　（北京市朝阳区平乐园100号　邮编：100124）
　　　　　010-67391722（传真）　bgdcbs@sina.com
经销单位：全国各地新华书店
承印单位：唐山市铭诚印刷有限公司
开　　本：787毫米×1092毫米　1/16
印　　张：14
字　　数：185千字
版　　次：2015年4月第1版
印　　次：2022年3月第2次印刷
标准书号：ISBN 978-7-5639-4244-2
定　　价：39.80元

版权所有　翻印必究
（如发现印装质量问题，请寄本社发行部调换　010-67391106）

前　　言

我们在夸赞一个孩子时，总爱说一句"这孩子真懂事！"而父母在为自己的孩子伤脑筋时，也爱说一句"这孩子怎么这样不懂事！"可见，人们心中的好孩子就是"懂事"的孩子。那么，什么样的孩子才是懂事的孩子呢？笼统点说，体谅父母，不让父母操心，自觉学习功课，主动打理自己的事情，这就是懂事的孩子。这里，我们看看本书是如何诠释"懂事"的孩子的——

懂事的孩子，首先品德高尚。他们刚正不阿、诚实守信、善良勤奋、谦虚谨慎，无论走到哪里，做人的招牌都不会倒。这样的孩子，父母自豪。

懂事的孩子，乐观向上。他们活泼开朗、人见人爱，懂得欣赏自己，能够坦然面对挫折，具有知足常乐的境界。这样的孩子，能用乐观的情绪感染别人，朋友多，父母操心少。

懂事的孩子，自立自强。他们独立意识强，有主见，能依靠自己的劳动生活，不"啃老"，而且志存高远，具有英雄本色。这样的孩子，不给父母增添生活压力，父母轻松。

懂事的孩子，热爱学习。他们懂得学习不是为了别人，而是为了自己将来的前途和幸福生活，所以不用强迫和督促，主动学习，并且能在科学方法的指导下学得很轻松，娱乐的时间也比较多。这样的孩子，无疑令父母欣慰。

懂事的孩子，自信坚毅。他们以"我能行"的方式大胆地展示自己，有坚定的信念，在困难面前从不退缩，经受了挫折后不会一蹶不振。这样的孩

孩子的懂事是**教**出来的

子，父母不用因为他的胆怯和软弱而费心。

懂事的孩子，习惯良好。他们喜爱读书，懂得珍惜时间，还会理财，而且热爱劳动，把爱护环境当作一种良好的习惯来执行。这样的孩子，父母省心。

懂事的孩子，知书达礼。他们明事理，善解人意，礼节周到，有教养，女孩气质高雅，男孩风度翩翩。这样的孩子，很受大家欢迎。

此外，懂事的孩子还懂得感恩、敢于担当、宽容厚德、克己守法。他们理解父母的良苦用心，勇于为自己的行为负责，乐观豁达，不斤斤计较，规则意识和法律意识强。这样的孩子不给父母"惹事"，父母自然不用太操心，这是值得赞赏的。

"懂事"只有两个字，却包含了各种优秀品质和美好情感。也就是说，懂事的孩子，一定是优秀的孩子。懂事的孩子，品性好自然不必多说，能力强、本领高也是必然的，他不会是一个高分低能的人，而且一定是一个社会所需要的人才。

教育出一个懂事的孩子，是家庭教育成功的体现，也是一个家庭的幸福。那么，如何教育懂事的孩子呢？本书从品德、习惯、礼仪、身心健康等大的方面着眼，从细节处入手，阐述培养"懂事"孩子的内涵，介绍科学的培养方法，以及应当注意的方式方法，并鼓励父母审视自己的教育行为，不断更新教育理念，练好做父母的基本功，以便科学地教育孩子。本书结合生动的案例，力求做到深入浅出、通俗明了、内容实用，旨在给广大父母提供一份可以参考的学习读本。

目　　录

第1章　懂事的孩子品德高尚

品德第一课：百善"孝"为先 3
诚信是立身之本 6
教孩子做一个正直的人 9
让孩子拥有一颗善良的心 12
培养孩子勤奋的品质 14
谦虚使人进步 16
【父母功夫】 19

第2章　懂事的孩子乐观向上

活泼开朗的孩子人见人爱 23

孩子的懂事是**教**出来的

教孩子学会欣赏自己……………………………25
教孩子坦然面对挫折……………………………28
教孩子懂得"知足常乐"…………………………31
分享能让快乐加倍………………………………33
【父母功夫】……………………………………36

第3章 懂事的孩子自立自强

自立自强才能生存………………………………41
父母请适时放开双手……………………………43
教孩子学会自我管理……………………………46
让孩子自己做决定………………………………49
告诉孩子生活需要梦想…………………………51
【父母功夫】……………………………………54

第4章 懂事的孩子热爱学习

激发孩子主动学习的热情………………………59
兴趣牵引，自觉学习……………………………62
引导孩子"玩中学"………………………………64

掌握方法，轻松学习 67

培养孩子的学习能力 70

巧妙激励，让孩子主动学习 73

【父母功夫】 76

第5章 懂事的孩子自信坚毅

让孩子知道自己是独一无二的 81

告诉孩子"你能行" 83

经历过挫折，成长得才快 86

训练孩子把一件事情坚持做下去 90

困难面前，不能畏缩 93

培养孩子坚定的信念 95

【父母功夫】 97

第6章 懂事的孩子习惯良好

培养孩子良好的读书习惯 101

培养孩子良好的交往习惯 103

培养孩子珍惜时间的习惯 107

培养孩子良好的理财习惯 110

培养孩子热爱劳动的习惯 113

把爱护环境当作习惯来培养 116

【父母功夫】......119

第7章 懂事的孩子身心健康

培养孩子良好的作息规律 123

帮助孩子养成运动的习惯 126

别让孩子被嫉妒扰乱心智 129

陪伴孩子度过青春叛逆期 131

帮助孩子缓解心理压力 133

【父母功夫】......136

第8章 懂事的孩子知书达礼

明理让孩子更有教养 141

对孩子进行文明礼仪教育 143

教出善解人意的孩子 147

培养女孩的高雅气质 149

培养男孩的绅士风度 152

【父母功夫】... 154

第9章　懂事的孩子懂得感恩

懂得感恩的孩子最美 159

让孩子从感恩父母做起 160

在孩子心里播下感恩的种子 163

让孩子接过爱的接力棒 166

【父母功夫】... 167

第10章　懂事的孩子敢于担当

允许孩子犯错误 171

引导孩子承认错误 174

让孩子学会对自己负责 176

培养孩子的社会责任感 178

【父母功夫】... 180

第11章 懂事的孩子宽容厚德

烦恼是因为缺少宽容 ………………………………… 185
别怕宽容的孩子会吃亏 ……………………………… 186
教孩子不要斤斤计较 ………………………………… 187
原谅别人，自己也轻松 ……………………………… 190
【父母功夫】…………………………………………… 192

第12章 懂事的孩子克己守法

从小培养孩子的自制力 ……………………………… 197
教孩子树立规则意识 ………………………………… 200
让孩子做到遵守纪律 ………………………………… 203
对孩子进行法制教育 ………………………………… 206
【父母功夫】…………………………………………… 208

第1章　懂事的孩子品德高尚

品德第一课：百善"孝"为先

孝，是中华民族数千年的传统美德。从古代的"黄香替父扇枕温席""孟宗为母寒冬哭竹""老莱子戏彩娱亲"，到现代的"少年邵帅捐髓救母""6岁男孩王杰炜踩着板凳做饭，一口口喂爸爸""少年王正玉照顾残疾妈妈撑起家"，都演绎着一个个"孝"的感人故事。

百善"孝"为先，一个"成功"的人，首先必须是一个孝顺的人。如果一个人钱挣得再多，却不孝敬自己的父母，那么别说他算不上一个成功的人，他实在是一个失败得很彻底的人。因为"孝"既是中华民族的传统美德，更是做人最起码的良知和义不容辞的责任。试想，一个对父母的大恩大德都不尊敬、不感恩的人，他怎么能承担起家庭的责任，怎么能获得别人的友谊，怎么能跟别人建立诚信关系，怎么能遵守社会道德规范……对于孩子来说，懂事首先体现在孝顺上，即对父母有礼貌、不惹父母生气、不让父母操心、亲子关系和谐、愿意把自己的心里话说给父母听等。一个懂得孝敬父母的孩子，是懂事的，是受人欢迎的。

孝，不是天性；不孝，也不是天性。没有哪一个孩子生来就是孝子，也没有哪一个孩子生来就是不孝之子。孩子孝敬父母的意识是从一个又一个的亲情故事中听来的，孩子孝敬父母的行为是从亲人一个又一个的孝行中看来的，孩子的孝心是从日常小事中培养起来的。如果不想有一天从我们的嘴巴里冒出"你这个不孝的孩子"这样的话，那么就赶快从孩子小时候抓起，对他进行"孝"的教育吧！

孩子的懂事是**教**出来的

◆理解孩子的"霸道"

幼儿时期的孩子，正处于一种发展性的以自我为中心的阶段，难免会表现出"小气""霸道"等行为。这是孩子成长过程中身心发展规律的特征，父母要理解并允许孩子表现出这种与孝顺相悖的行为，不要用强硬的手段逼迫孩子做孝顺之事，避免孩子产生强烈的逆反心理。但是，作为父母，对于孩子表现出来的不良行为又不能不闻不问，而孩子的情感又是与认知相结合的，情感的产生受知识经验的影响，所以父母应该通过丰富孩子有关孝敬长辈的知识和体验，引导孩子懂得长幼有序。比如，多给孩子讲述像"王祥卧冰求鲤""陆绩怀橘遗亲"这样的故事，用孝心故事来感染孩子；父母去看望自己的父母时，带上孩子一同前往，让孩子亲眼看看自己的父母是怎样孝敬他们的父母的；给孩子过生日时，有意识地把爸爸妈妈的生日告诉孩子，让他记住爸爸妈妈的生日，对于一天天长大的孩子，完全可以让他主持给爸爸妈妈过生日。这样慢慢引导孩子，孩子会感知到一种尊亲敬亲的氛围，逐渐变得懂事非、明事理。

◆父母以身作则

孩子对待父母的态度，直接受父母对待长辈态度的影响。教孩子孝敬自己、为自己分忧解难，父母首先要以身作则，在家里尽心尽力侍奉父母，给孩子做一个好榜样，孩子自然会受到积极的启发。

◆让爱双向交流

不少家庭中，爱只是父母对孩子的单向付出，而不能实现爱的双向交流。这种爱其实剥夺了孩子孝敬父母的机会，而父母对孩子的溺爱是主要原因。父母平时要给孩子创造一些孝敬父母的机会，让孩子不仅懂得珍惜父母的爱，而且能够把自己的爱传达给父母。

◆让孩子了解父母的辛苦

父母应当经常有意识地把自己在外工作和收入的情况告诉孩子，说得越具体越好，让孩子明白父母的钱得来不易。这样，孩子自然就会逐渐珍惜自己的生活，从心底里感激和敬重父母。日长时久，孩子耳濡目染，就会逐步养成尊敬长辈、孝敬父母的好习惯。

◆和孩子分享你的心情

很多父母认为，孩子太小，什么都不懂，不用向他表达自己的心情，特别是不好的心情。其实，这样的做法也是错误的。孝顺也是要给机会学才能学会的，跟孩子分享自己的心情，可以让孩子来关心自己。父母一定要真诚、高兴地表扬他，因为这正是孩子孝顺的表现，孩子也会为自己能为爸爸妈妈分忧解难而高兴。

◆坚持细节训练

孩子的道德标准和生活习惯几乎完全是在父母的引导下建立的，父母可以根据孩子的年龄和能力，提出具体要求。比如，幼儿园和小学的孩子，可以要求他们"外出时和父母道别，回家主动和父母问好，吃水果先拿给父母，晚上睡觉前给父母说'晚安'"；中学生可以要求"父母劳累时主动帮助或请父母休息一下，父母生病时主动照顾，多说宽慰话，替他们接待客人"。孩子的良好品行就是在这种日常的点滴小事中培养出来的，这种日常训练要持之以恒，对孩子的正确要求应坚持到底。

◆欣赏孩子的孝顺行为

如果在孩子很小的时候，父母就教导孩子"给爷爷端杯水""给外婆拿个苹果"并适时表扬孩子"是一个孝顺的宝贝！妈妈为你感到骄傲"，孩子真的就会成为一个很孝顺的孩子。所以，对于孩子平时的每一个孝顺行为，不要觉得孩子做的事情是小事情，微不足道，也许就是你一次真诚的赞扬，激励孩子养成了一生孝顺的品质。

孝顺是一种道德品质，是通过后天培养获得的。所谓"养不教，父之过"，想有一个孝顺的孩子，就必须让孩子从小体会"爱"的教育和"孝"的熏陶，从日常生活的点滴入手培养孩子的孝心。

孩子的懂事是**教**出来的

诚信是立身之本

诚信，就是诚实守信，要求人们言行一致、表里如一、遵守诺言、不虚伪欺诈。"言必信，行必果""一言既出，驷马难追"，这些流传了千百年的古话，形象地表达了中华民族诚实守信的品质。"人无信不立"，诚信是做人和处事的一种美德，也是一个人和别人合作最基本的前提。如果一个人经常在和别人约好做某件事情的时候失信，人们就会觉得这个人不可靠，因而不愿意和他合作，这个人就很难取得成功。对于孩子也一样，如果他约好和别人玩，却不能按时赴约，时间长了他就会失去小伙伴的信任，从而失去朋友。

一个诚实守信的孩子，他不说谎、说话算数，是一个懂事的孩子。为了让孩子懂事，也为了孩子能够成长为一个受人尊重、做出一番事业的人，从小培养他诚实守信的意识，让他从小用自己的行动践行诚信，是父母的又一艰巨任务。

◆**诚信能赢得信任和尊重**

诚信是有责任感的表现，一个说到做到的人是一个能够对自己的言行负责的人，这样的人能获得别人的信任和尊重。

"与朋友交，言而有信。"这是古人教给我们与朋友相处的信条。一个人诚实守信，他的力量会感染周围的朋友，自然能获得大家的尊重和友谊。反过来，如果贪图一时的安逸或小便宜而失信于朋友，表面上得到了

"实惠"，事实上却毁了自己的声誉，失去了朋友的友谊和支持。所以，父母要让孩子懂得诚信能赢得信任和友谊的道理，借助实例、故事的形式讲给孩子听，在这种力量的驱使下，孩子就会自觉地约束自己的行为，做到言而有信。

◆**父母的行为很关键**

父母的一言一行、一举一动，时刻都被孩子监督着，因此，父母一定要在孩子心目中树立一个诚实守信的形象，特别是在对孩子做出承诺后，一定要排除一切困难，保证自己的诺言能够得到履行，使孩子不至于因为爸爸妈妈对自己失信而受到暗示，从而做出言而无信的事。比如，妈妈答应星期天带孩子去动物园，如果没有特别重要的事，就一定要履行诺言，而不要因为自己很累或想休息，就轻易决定不去。如果真的发生了不能带孩子去动物园的事，妈妈也一定要向孩子讲清楚情况，并在下一个星期天补上，这样孩子才不会出现"说话可以不算数"的想法，才能和别人约定后不失信于人。

◆**制定规则并严格要求**

规则有一定的约束作用，父母可以给孩子制定一些简单的规则，约定孩子的一些行为。例如，不是自己的东西不能带回家；没有得到别人的同意，不可随便拿别人的东西；借了人家的东西要及时归还；有了错要勇于承认；答应别人的事情就一定要想方设法做好；和朋友约好一起做的事情要按时赴约。

规则应该简单易懂，让孩子容易遵守，而且不要一下子制定很多规则。规则一经制定就要严格执行，并要重视克服"第一次"出现的问题。对执行规则，家长要态度坚决，严格要求，违反规则就要承担不愉快的后果，切不可姑息迁就。

◆**教孩子做备忘录**

为了避免出现忘记承诺而没有遵守的情况，妈妈可以帮孩子准备一个备

孩子的懂事是 教 出来的

忘录，让孩子用他自己独特的符号或方式把对别人的承诺记录下来，每天看一下，这样就不会忘了。当然，孩子年龄小，容易被其他事情吸引而忘记自己的承诺，此时爸爸妈妈要给予及时提醒，帮助孩子履行自己的承诺。

◆ 教孩子不轻易许诺

孩子小，有时也许不知道承诺意味着什么，所以会做出过多或不当的承诺。到了真的要兑现承诺的时候，他才会发现自己根本无法做到，这时他也许会把那些诺言看得不再重要。所以，父母要让孩子意识到，承诺即责任，不能轻易地许诺。

◆ 支持孩子的诚信行为

当孩子在各种因素的影响下，主动信守自己对别人许下的承诺，努力做一个守信用的人的时候，父母应该及时表扬孩子，还可以为孩子的行动提供各种支持和帮助。比如，孩子和小伙伴约定晚饭后到小区花园去玩，可是妈妈下班晚了，到了该吃晚饭的时候还没有开始做，为了帮助孩子履行约定，就不要再准备需要花费很多时间的复杂晚饭，而是做一些简单的晚饭，让孩子吃完赶紧去和小伙伴见面。父母的这种支持对孩子养成诚信品质具有很大的帮助。

◆ 抓住时机及时教育

生活中常有这样的事：孩子已约好了一个小伙伴到家里来玩，却被另一个小朋友邀请去游乐场或公园。两者相比，孩子更乐意选择后者，于是毫不犹豫地要取消以前的约定。此时此刻，父母要抓住时机，教育孩子承诺过别人的事情一定要做到，要不然会给别人带来不开心，自己也将失去朋友。如果孩子不理解，可以让孩子站在别人的立场想一想，"如果别人答应你的事，却不去做了，你是不是感到很失望，是不是再也不想和他玩了"，同时让孩子给后来约他的小伙伴解释一下，"我和别人约好了，咱们下次再约"，鼓励孩子说到做到，不可出尔反尔。

诚信是一种无形资本，从小培养孩子诚信的品格就等于为孩子的未来融资。一个人是否诚信，和他后天受到的教育和所处的环境直接相关。当然，孩子不可能马上就会懂得要做一个诚信的人，这需要父母从小开始教育，并坚持长期教育。

教孩子做一个正直的人

正直，是中华民族的传统美德之一，包含着善良、勇敢和无私。正直的人不会因为个人利益而动摇意志，不会因为个人喜好而言行不一；正直的人一切遵从真理和客观事实，做人有底线，做事光明磊落、不卑不亢。

然而，在这个复杂的社会中，许多人感叹：正直的人难做。因为确实有太多的人因为正直而招致了无奈和灾难，而一些不正直的人却悄悄地钻了空子，升了官、发了财、得到了不少的好处。这种情况下，正直的美德在无形中被人们扭曲地认为"人不能正直，正直会吃亏"。正因为如此，面对年幼的孩子，不少父母甚至不知道要不要教育孩子做一个正直的人。

还有一则广告也让人感动，那就是世界乒乓球冠军邓亚萍和她母亲拍的婴儿用品广告，广告里有一句妈妈对女儿说的话："在别人眼里你是冠军，在妈妈眼里你永远是孩子，只要你正直、善良、脚踏实地。"看来，不是所有的父母都对正直失去了信心。那些教孩子做正直的人的父母，他们对正直有着更深一层的理解——孩子上一流的大学，能力再高，本领再强，如果把心思花在歪门邪道上，那么他面对的将不是一条平坦大道，而是藏着太多诱惑和阴谋的陷阱，终有一天他会掉进去再也出不来。孩子长大成人之后必然要面对复杂的社会生活，如果回避对他的正直教育，甚至教他可以不做一个正直的人，那么孩子的未来我们现在就能够看到，而他之所以会走向火坑，

孩子的懂事是 教 出来的

是因为父母的双手把他推去的。因此，作为父母，我们不能因为正直的人难做而就不去教孩子做，而是应该迎难而上，用自己的行动影响孩子去做，通过各种方式引导孩子去做。

◆ 让孩子感受正直的力量

一个人如果变得正直起来，其深刻的潜在意识就会帮助他做出正确的选择，思维速度会加快，做事效率也会提高。这就是正直的巨大效用。

父母可以让孩子知道正直是和自己以后的工作和生活相联系的，也让孩子明白正直的人在别人心目中的地位——正因为做正直的人不容易，所以才显得难能可贵，当正直的人站在人们面前时，才显得异常高大，才让人情不自禁地去仰慕。

◆ 言传身教，做正直的父母

父母告诉孩子要诚实正直，自己却喜欢占小便宜，背后议论别人、斤斤计较，生怕自己吃亏，这样做怎能教育出一个正直的孩子呢？所以，作为父母，我们一定要注意自己的言行举止，给孩子做一个正直的表率。生活和工作中，要有自己的原则，光明正大、实事求是，对的事情一定要坚持、错的事情不要人云亦云，不同意见和见解要当面表达。对于孩子，不欺骗，信守承诺，敢于在孩子面前做自我批评，不在孩子面前说别人的不好，孩子做错事后不袒护包庇。这样，父母平时以自身的正直言行来影响孩子，孩子会慢慢理解什么是正直，从而成为一个正直的人。

◆ 引导孩子多读书，提高道德素养

父母可以引导孩子多阅读一些培养正直品格的优秀故事，如给孩子讲一些历史上发生过的相关故事、购买一些这方面内容的书籍，让孩子从中华民族优秀的道德传统中吸取精华，向时代的英雄人物学习，建立一个正直的道德基础，逐步懂得正直是中华民族的优秀传统美德，这样孩子就会乐于做一个正直的人。

◆让孩子从小事上做到诚实

正直与诚实是紧密相连的。对孩子来说,要做一个正直的人,首先要从诚实做起,而且诚实要从小事上做起。父母要让孩子学会诚实地对待生活中的每一件小事,如不说谎、不拿别人的东西等,尽管这些小事看起来微不足道,但日积月累,就会让孩子身上闪现出浩然正气,面对不义之事时才能临危不惧,显示出正直的力量。而当不便于讲真话的时候,也要教孩子不要编造谎言。

◆教孩子坚持正义

自古以来,邪就不能压正。天地赐予了人间正义的力量,这种力量是战无不胜的。面对邪恶,我们临危不惧、挺身而出,凝聚成一股强大的浩然正气,形成"老鼠过街人人喊打"的态势,进而战胜邪恶,这就是正义的力量。

孩子年龄小,父母平时可以教育孩子,如果遇到不法分子,拨打110,或者大喊一声,或者静静地围观,其实就是在坚持正义。

◆和孩子一起评论身边的事

品德教育最关键的是实践。父母应让孩子多观察参与周围发生的事,然后和孩子一起评论发生在身边的真实事例,提高孩子的道德水平,教孩子做一个正直的人。

当然,父母在教孩子学会正直的同时,还要让孩子学会变通,把话说得好听点,把握语言表达的时机,否则太直白有时会让人难以接受。总之,父母要通过引导让孩子真正领悟并学会做一个正直的孩子。

孩子的懂事是 教 出来的

让孩子拥有一颗善良的心

善良是人最宝贵的品质之一，也是人内心深处最美的情感。我国传统文化历来也追求一个"善"字：待人处世，强调心存善良、向善之美；与人交往，讲究与人为善、乐善好施；对己要求，主张善心常驻。因为善良能架起心与心沟通的桥梁，能把一切爱传递下去。善良的人，充满善意与亲和，拥有一颗广博的心，没有私心杂念，不会炫耀、不会卖弄，他们的美丽来自善良，他们的气质源于善良。

"人之初，性本善"，就是说孩子天生是善良的，父母要帮助孩子把这种善良的本性保持下去，在此基础上再教孩子爱自然、爱小动物、富有同情心、多帮助人等，那么孩子就会成为一个善良的人。

◆ 尽早教孩子树立善恶标准

想让孩子做一个善良的人，首先要让孩子知道什么样的行为是善良的，什么样的行为是不善良的，有了标准，孩子才能衡量并判断自己的行为是不是善良的。父母要告诉孩子，伤害别人的事情，如打人、骂人、破坏别人的物品、破坏自然、抨击别人等，都是不善良的行为，而爱护自然、尊重他人、帮助别人、爱护别人的名誉和物品、尽可能地给别人带来快乐，都是善良的行为。

随着孩子的成长，父母要不断地完善孩子心中的善恶标准，提示孩子什么样的做法是善良的，什么样的做法不是善良的。这样，在孩子成长的道路上，总有一个善恶标准在约束他的行为，孩子长大后自然能成为一个善良的人。

◆培养孩子的同情心

冷漠者的眼里只有自身利益，自己和集体、和他人都是不相干的，自己可以漠视他们、不关心他们，于是就把自己从人与人之间互相依赖的亲密关系中割裂出来了。富有同情心的人就不一样了。他们心中保持着温暖的人性，能够设身处地地感受到他人的痛苦，不会做出伤害他人的事情，会被人们所喜欢。所以，面对病人、残疾人、自然灾害的画面的时候，父母要给孩子讲讲他们的痛苦，他们需要大家的爱和帮助，鼓励孩子把自己的零花钱捐一些给他们。

让孩子领养一只宠物也是培养孩子同情心的好办法。孩子和小动物相处的过程中，可以培养他的同情心和爱心，使他进一步懂得关爱弱势群体，学做一个善良的人。

◆鼓励孩子从小事做起

"勿以恶小而为之，勿以善小而不为。"意思就是不要觉得坏事很小，不会造成很大影响，就为所欲为；也不要觉得善事很小，不能引起别人的注意，就不去做。其实，善良的人做善事，不必是惊天地、泣鬼神的大事，而往往是生活中微不足道的小事。父母要教育孩子在公共汽车上给老人让座，不鄙视、不嘲笑身体有缺陷的人，不欺负流浪小动物，遇到需要帮助的人伸出援助之手……把这种教育融入日常生活之中，一定能帮助孩子成为一个善良的人。

◆带孩子做善事

每个人的内心都有最柔软的部分，这是善良的天性，孩子也不例外。和孩子一起表达出对弱势群体的一种态度，而这种态度就是善良的态度。孩子习得这样一种态度，就是在学着做一个善良的人。

◆及时纠正孩子不善良的行为

当孩子有了善良的行为的时候,父母可以对他说"你做得很对!"当孩子表现出不善良的行为时,父母一定要对他说"不能这样做,这会让别人很难过!"

还有,有的孩子忌妒比自己优秀的小朋友,背后说小朋友的坏话,欺负老实的小朋友,不尊敬长辈,不把好吃的跟别人分享,虐待小动物等,此时父母要及时制止孩子的做法,告诉孩子这样做不够善良,没有人喜欢不善良的孩子。当孩子有不善良的行为的时候,给孩子指出来,并教会孩子正确的做法,其实就是在培养孩子的善行,能收到很好的效果。

◆教孩子正确运用善良

要教给孩子帮助弱势群体的方式。帮助弱势群体的方式有很多,包括直接给钱给物、提供赚钱的机会、找寻自食其力的办法、向民政部门反映情况等。当然,这些是孩子目前做不到的,只不过让孩子知道方式不止有直接给钱一种方式,而且直接给钱是一种治标不治本的方式,可以让孩子说一些关怀的话语等,也是一种帮助方式。

总之,让孩子成为一个善良的人,不是讲两次大道理就能做到的,需要每天甚至每时每刻教育并引导孩子,这需要父母有足够的耐心。

培养孩子勤奋的品质

勤奋是一种良好的品质,表现为对学习工作的不懈努力,它能使天资聪慧者早日成才,也能使天资稍逊者取得成功。

古人云:"勤学如春起之苗,不见其增,日有所长;辍学如磨刀之石,不见其损,日有所亏。"意思是说勤奋使人慢慢成长、懒惰使人渐渐沉沦。

然而，优越的生活条件和父母的事事包办，使孩子养成了懒惰的习性。很多孩子学习成绩不好，做事的积极性不高，就是因为长期的身体懒惰导致了思维上的惰性。懒惰和勤奋都不是天生的，都是后天形成的。而且，懒孩子的形成不是一日之寒，懒孩子的转变也不是一时之功。所以，父母要趁早培养孩子勤奋的品质，不要等到发现孩子越来越懒了才去后悔。

◆给孩子做事的机会

有些父母埋怨自己的孩子太懒，懒得理发、懒得收拾东西、懒得叠被子……其实，孩子的懒不应该归罪于他们生性的懒惰，而往往是父母的教养方式和对待孩子的态度造成的。孩子小的时候，对任何新鲜事物都很好奇，总是跃跃欲试，如妈妈扫地的时候他总是抢妈妈手里的扫帚等，可是妈妈嫌他帮倒忙，总是让他到一边去玩，这就剥夺了孩子勤于做事的机会。其他事情也一样，当孩子想参与劳动或对有趣的事情表现出积极性时，父母怕孩子做不好或弄坏东西、弄脏衣服，便加以制止，父母也许没有意识到是自己扼杀了孩子勤劳的品质。所以，要想让孩子具有勤奋的品质，需要在孩子表现出想做事的意愿时，不剥夺他的机会，让他去做，让孩子在快乐做事中不知不觉地养成勤于做事的习惯。

◆适当让孩子干家务活

哈佛大学专家历时40年的调查结果显示，在少年时代适当参加家务劳动的孩子，长大以后比什么都不干的人生活得幸福。可见，让孩子从小做一些家务，不仅能让孩子体会到做事的乐趣，对孩子将来的人生也是很有帮助的。多为孩子提供做事的机会，少替孩子代劳，让孩子亲身体验到很多事情是可以通过自己的努力完成的，逐渐养成勤奋做事的好习惯。

父母可以安排孩子干些力所能及的家务活，如洗碗、擦桌子、扫地、拖地，洗自己的背心、短裤、袜子等。其实从事一些简单的体力劳动，也是大脑休息的一种方式，不仅有利于提高学习效率，还能帮助孩子从小养成爱劳动的习惯。

◆欣赏孩子勤奋的过程

如果孩子为了学习而努力拼搏，不管他取得的成绩是不是令人满意，父母都要对孩子的努力过程给予肯定与表扬，而不只是一味地关注分数的高低。这么做其实意味着对孩子"勤奋"这一品质的评价高于成绩的本身。父母坚持这样做，孩子就会在不断的努力中挑战自我、超越自我。另外，崇尚勤奋的家庭，父母不会拿孩子的成绩与其他孩子做比较，他们会激励孩子与自己赛跑，放大孩子的每一个优点，欣赏孩子的每一点进步，强调孩子的成绩是靠他自己的勤奋努力得来的，并对孩子的勤奋给予肯定。在这种环境中长大的孩子，他已经具备了勤奋的品质。

◆用名人激励孩子

国学大师王国维在《人间词话》中说："古今之成大事业、大学问者，必经过三种之境界：'昨夜西风凋碧树，独上高楼，望尽天涯路。'此第一境也。'衣带渐宽终不悔，为伊消得人憔悴。'此第二境也。'众里寻他千百度，蓦然回首，那人却在灯火阑珊处。'此第三境也。"很明显，大师的第二种境界写的就是勤奋。当一个人有了第一种境界的预期后，唯有勤奋努力，才能到达成功的彼岸。用成大事者的这种境界激励孩子，孩子会受到启迪，认识勤奋的力量，从而变得勤奋。

谦虚使人进步

谦虚是一种高贵的品质，是发自内心的一种良善的表现。与谦虚相对的是骄傲，它是前进的大敌。一个人的成绩都是在他谦虚好学、勤奋努力的时候取得的，当他骄傲了，自满自足了，他就必然会停止前进的脚步。而骄傲自满、故步自封不但是个人成长进步的障碍，而且还会造成伙伴关系的紧张。孩子成长的过程中，处处谦虚谨慎，不仅会给人留下良好的印象，还有利于培养谦虚的美德。一个小小谦谦君子，自然是人们喜欢和愿意接受的；而那些骄傲自大的孩子，一般不太受人欢迎。

事实上，谦虚的人往往都是有真才实学的人，他们不骄傲、不自满，虚怀若谷，肯接受批评，喜欢虚心向人请教。而不学无术、一知半解的人，却常常骄傲自大，自以为是，好为人师。所以，父母要一边培养孩子的才华和本领，一边教育孩子"谦虚使人进步，骄傲使人落后"的道理，这是可以两不耽误的事情。

◆ 教孩子区分自信与骄傲

自信是一种积极的人生态度，它能使人乐观上进；而骄傲是对自己的片面认识，是盲目乐观，常会使人不思进取。骄傲自大的人就像井底之蛙，视野狭窄，自以为是，这将严重阻碍他前进的步伐。对于父母来说，应该培养孩子的自信心，但不能让他滋长骄傲自满的情绪。自信与骄傲在形式上有很大的相似性，常会让人迷惑，孩子常会把自己那点小得意看作自信的表现，这时父母应该帮助孩子分辨出两者的不同。

◆ 引导孩子真正认识自己

世界上没有十全十美的人，每个人都有优点也有缺点，有长处也有不足，孩子也一样。父母可以通过与孩子谈心，让孩子说出自己的优点和不足，让孩子知道自己在这一方面具有优势，别人也许在另一方面具有特长，所以不能因为自己用长处胜了别人而沾沾自喜。同时，还要让孩子明白，当前的优势只是未来发展的一个可能性，与身边的人比是优势，如果放到一个更广阔的环境中，就可能淹没在更多的优势者之中。所以，即使有一定的特长，也要不断进取，让特长有更广阔的发展空间。

孩子的懂事是 教 出来的

◆教孩子正确对待荣誉与成绩

现在很多独生子女往往不能正确对待荣誉与成绩。他们会因为骄傲自大看不起朋友和同学，偶有一点进步就得意扬扬，甚至有的孩子会把集体的成绩看成个人的。这些表现都会使他们不再进步，甚至脱离朋友和同学，脱离集体，进而失去目标。

当孩子在荣誉与成绩面前表现出骄傲情绪时，父母一定要及时引导孩子戒骄戒躁，让孩子知道荣誉与成绩的取得离不开家长的培养、老师的教诲和同学的帮助，更不能让孩子把集体的成绩归到个人名下。孩子一旦骄傲，他就会拒绝别人的忠告和友好的帮助，就会丧失客观方面的准绳，弄不好还会跌跟头，父母要尽快帮助孩子认识到问题的严重性，并督促孩子加以纠正。

◆恰当地表扬孩子

在父母眼中，孩子哪怕取得一丁点的成绩都会让他们无限欣慰。于是，夸奖声不断。的确，在孩子成长的路上，鼓励和赏识要远远胜过批评和呵斥。但是，赏识并不等于随随便便地表扬孩子。表扬太过随便或者不恰当的表扬，有可能误导孩子，使孩子不能正确认识自己，夸大自己的优点，看不到自己身上的不足和缺憾。这种逐渐膨胀的自我情绪很容易陷入盲目的优越感之中，看不到别人的进步和成长，故步自封，在不进则退的现实面前，只能落后。所以，父母表扬孩子要就事论事，注重表扬孩子的某种行为，而不是表扬孩子本身，而且表扬要适度，不能一味地表扬，也不能在别人表扬他的孩子时顺势无缘无故地表扬起自己的孩子。

◆开拓孩子的视野

如果你的孩子真的很优秀，那么为了孩子更好地成长和进步，你要努力开拓视野。不管是通过旅游增长见识，还是通过去图书馆让孩子认识知识的博大精深，总之等孩子视野开拓了，他就自然会认识到自己那点成绩的微不足道，知道自己的满足就是井底之蛙，从而认识到人外有人、天外有天，自然也就会发自内心地谦虚起来。

◆给孩子讲伟人名人的故事

父母可以给孩子讲一些伟人不骄傲、不自满、虚心向别人学习的故事。比如，孔子、牛顿、贝多芬，他们都是有大智慧的人，但是他们很谦虚，从不自高自大，不但不鄙视不如他们的人，还虚心向他们学习。以此告诫孩子，连学识渊博的圣人、伟人都懂得谦虚，自己那点知识与成绩是没有任何理由骄傲的。

【父母功夫】
处理"听话"与"孝顺"的关系

在中国，传统的教育理念是无论父母对错，孩子都应顺从，认为这是为人子应尽的义务，甚至是"愚孝"，总之就是要孩子"听话"。所以，很多父母对于孩子表现出的一些反抗行为很反感，而更喜欢那些唯命是从、事事听话的孩子。这样的父母认为，孩子"听话"就是"孝顺"。这都是古老的思想，显然已经不能适应当今社会发展的需要了。

现在的孩子，具有很强的独立思考能力，有自己的思想，当父母要求他们做什么时，他们总是会问"为什么"，而且常常不按父母的意愿去做。于是，父母觉得这孩子怎么这么不听话，由此引申到不孝顺。其实，"听话"与"孝顺"之间是不能画等号的。听话不一定孝顺，不听话也不一定就不孝顺。在父母的压力下，孩子也许会表现得很听话，实际上他心里是反抗的；而不听话的孩子往往有自己独特的想法，也许他很容易理解孝顺是为人子最起码的品质，事实上他是一个孝顺的孩子。所以，随着时代的发展，作为父母，应顺应时代要求，更新自己的观念，恰当处理"听话"与"孝顺"的关系，教育孩子孝顺时注意把握好一个"度"，而不是一味地要求孩子"听话"，这样才能教育出一个聪明、有独立思考能力同时又孝顺的孩子。

孩子的懂事是 教 出来的

事实上，允许孩子可以"不听话"是聪明父母的智慧。如果孩子都按照爸爸妈妈的看法、思维去做事情，这样的孩子将来也难以独立，遇事不能做决定，不能独立承担责任。从这个角度上说，孩子表现出不顺从也不是什么坏事，这对培养坚强的独立意志很重要，而这一点正是21世纪的人才应具备的素质。

当然，允许孩子"不听话"并不是说可以任由孩子想做什么就做什么，不管对与不对都不加以约束；也不等于可以不理父母的意见与想法，而是在引导的基础上尊重孩子的想法，鼓励孩子跟父母交流自己的意见，让孩子自己选择，培养孩子的独立意志和敢于承担责任的品质。

有些父母认为，听老一辈人说话，孩子能少走弯路、少碰壁。因此，在教育理念上，孩子应该跟从父母的意愿。作为父母，我们在重视孩子的将来，认为"我是在为你好"的时候，更应该审视自己的判断能否理所当然地规划、指引孩子的人生；更要明白，真正对孩子的好，前提是尊重，包括孩子的思想、情感、愿望、喜好，都要加以重视和认真对待。同时，我们还应该明白，父母和前辈的话孩子固然要听，但也需说得有道理，孩子才会听。所以，父母要不断学习，与时俱进，用新知识、新理念武装自己，这样才能说得在理，才能与孩子的"听话"保持一致。

第2章　懂事的孩子乐观向上

活泼开朗的孩子人见人爱

活泼开朗既是一种心理状态,也是新一代创造型人才的性格特征,是乐观主义的表现,是充满朝气、积极向上的心理品质的体现。一个性格活泼开朗的孩子,总是对新鲜事物有着强烈的探索欲望,喜欢参加各种活动,对自己的能力充满信心,容易和周围的人友好相处。而且,科学研究显示,活泼开朗的人不仅较为健康,如癌症罹患率明显低于悲观抑郁者,而且婚姻生活较为幸福,事业上也较易获得成功。所以,父母要注意培养孩子从小形成活泼开朗的性格。

——让孩子感受到父母的爱。任何一个缺少父母关爱的孩子都不能真正地拥有活泼开朗的性格。因此,父母要为孩子营造一个温馨愉快的家庭环境,夫妻恩爱和睦,家庭氛围民主自由,给孩子更多的关爱,让他从小就感受到爱与友好,这样他和别人接触的时候才能够更加放开自己,在人群中做到自信、乐观。在拥有爱的家庭中成长起来的孩子,从小就拥有乐观的性格,成年后比在冷冰冰的家庭成长起来的孩子要快乐很多,而且他们很可能成为人群中的焦点。当然,这种爱不是溺爱,也不只是物质上的满足,更多的是语言和动作上的关爱,如"累了,来休息一会儿""你真的很棒",或者孩子表现很好时给他一个拥抱等,对孩子更加重要。

——丰富孩子的生活内容。性格是在多种多样的活动中形成的。如果孩子每天的生活内容单一枯燥,他就失去了发展与锻炼活泼性格的机会。

孩子的懂事是**教**出来的

所以，父母可以多带孩子出去走走，大自然中的一切都会令孩子心情舒畅、眼界开阔，这为培养孩子的审美能力、乐观情绪和活泼开朗的性格，创造了优越的条件。同时，和孩子玩各种游戏，让孩子在游戏中体验生活，并获得乐趣。另外，要充分发挥孩子的兴趣爱好，最大限度地给孩子表现能力的机会，让孩子看到自己的力量，增强上进心。丰富的活动是培养活泼开朗性格的重要条件。

——让孩子拥有自信。拥有自信与快乐性格的形成息息相关。对一个因智力或能力有限而充满自卑的孩子，父母一定要努力发现孩子的长处，用放大镜放大孩子的优点，并审时度势地多做表扬和鼓励。来自父母的正面肯定有助于帮助孩子克服自卑、树立自信。自信的孩子往往乐观开朗。另外，随着孩子年龄的增长，他会有自己的要求和愿望，需要得到父母和周围成人对他的尊重。满足孩子这种精神上的需要，孩子就会得到愉快的体验，更加信任自己的力量，也能感到周围人们的亲切，所以对孩子多鼓励、多表扬、尊重孩子、培养孩子的自尊心，也是孩子活泼开朗的重要方面。

——给孩子一定的选择权。作为父母，当然不能对孩子不加管教、听之任之，但是控制过严又可能压制孩子天真烂漫的童心，对孩子的心理健康产生消极作用。父母不妨让孩子在不同的年龄阶段拥有不同的选择权，因为只有从小能享受选择权的孩子，才能感受到真正意义上的快乐和自在。

——鼓励孩子多交朋友。不善交际的孩子大多性格内向，因为时时可能遭受孤独的煎熬，享受不到友情的温暖。父母不妨鼓励孩子多交朋友，特别是同龄朋友。本身性格内向、抑郁的孩子更适宜多交一些开朗乐观的朋友。

——让孩子拥有一个健康的身体。身体健康是培养活泼开朗性格的物质基础。身体健康则精力充沛，能积极地参加各种活动，获得的乐趣就多，心情便舒畅、愉快。所以，父母要创造条件，引导孩子锻炼身体，使孩子有一个健康的体魄，促使这一良好性格的形成。

教孩子学会欣赏自己

有的孩子胆怯内向，是天生的；有的孩子不爱说话，遇事总是以消极的态度来回避，却是因为不了解自己，没有发现自己的优势，从而对自己缺乏自信，所以才开朗不起来。不管是哪一种原因造成的胆小、消极、悲观，父母总可以通过正面的引导，帮助孩子找到自信，从而使孩子变得乐观起来。教孩子学会欣赏自己，就是一个非常有效的办法。

一个会欣赏自己的孩子，他了解自己的优点也知道自己的不足，他会扬长也会补短，他还懂得欣赏别人的优点，知道人无完人的道理，所以他不会因为自己的短处而唉声叹气、郁郁寡欢，而是会充分发扬自己的长处，享受长处给自己带来的快乐。作为父母，不但要会发现孩子的优点、欣赏孩子，更要引导孩子学会欣赏自己、肯定自己，认识到自己的价值。

教孩子欣赏自己，欣赏什么呢？欣赏孩子身上的每一个闪光点，哪怕是小小的一点。

——欣赏长相。有些孩子和小伙伴玩的时候，小伙伴可能会无意间说他的眼睛长得小，不好看，这会使孩子敏感地觉察到自己的容貌问题，首先在长相上对自己失去信心。妈妈可以用和孩子一起照镜子的方法，发现孩子长相方面的其他优点，帮助孩子找回自信。比如，可以让孩子看看自己，是不是有高高的鼻梁，还有高高的个头，而这些别人却可能没有。另外，要让孩子知道，人的外貌各有不同，眼睛小并不是什么缺点，而且长相并不重要，

孩子的懂事是 教 出来的

重要的是要有一颗善良的心。

——欣赏性格。孩子都是独一无二的，每个孩子都有与众不同的性格。帮助孩子认识他的良好性格，如自信大胆、乐观开朗等，并适时指出孩子急躁等不良性格，不仅可以让孩子继续发扬良好的性格，还会帮助他逐渐克服不良的性格，从而促进孩子身心获得良好的发展。

——欣赏特长爱好。孩子无论聪明与否，一定有自己擅长的事。比如，孩子做事认真细心，观察力强，跑得很快，下棋很棒，画儿画得好……让孩子清楚地了解自己所擅长的事，并支持孩子做他擅长的事，他就会对自己很满意。

——欣赏能力。如果我们对孩子说，"你说话说得特别清晰""你的作文写得具体"等，这实际是对孩子能力的一种肯定。让孩子时常挖掘自己的能力，如很好地处理了与伙伴间的冲突、与同学合作做了一个模型、懂得课前预习等，这都是能力提高的表现，孩子看到自己的进步和能力的不断提高，就会对自己更加充满信心。

——欣赏生活环境。不管孩子的生活环境是否优越，父母都要引导孩子用欣赏的眼光寻找环境中好的方面，接受自己的生活环境，不自卑，也不自傲，在环境中快乐地成长。

父母引导孩子找到自己身上独特的优点，还要让孩子放大这些优点，并把它们记在心里，这样在孩子受到打击、挫折时，他才能从心里告诉自己，自己的潜能是巨大的，是打不倒的，只要努力，就能站起来，就能进步。

除了知道欣赏什么，还要教孩子如何欣赏。父母欣赏孩子，大多会用"你真棒"三个字，孩子最初听到会觉得这是在夸他，多听几次，就会发觉，这种夸奖其实是一种敷衍，之后便不会在意，该拖拉还是拖拉，上课还是不认真听讲，就是说"你真棒"已经失去了激励的作用。其实，"你真棒"这种鼓励方式并没有错，它仍然是一种很有用的办法，只是父母没有说清楚孩子为什么"真棒"。如果妈妈对孩子说："老师表扬你了，说宝宝原来在板凳上坐不了一分钟，现在能坐三分钟了。其他的妈妈都非常羡慕妈妈，因为全班只有宝宝进步了。"这样具体地说，孩子就会知道自己在什么地方进步了。如果妈妈没有具体说明孩子因进步而夸奖的原因，而只是说"老师表扬你了，妈妈觉得你真棒！"这样做，孩子的感受会完全不同，他不知道老师为什么表扬他，也不知道妈妈为什么觉得他真棒，他会觉得没什么。所以，父母对孩子进行鼓励赏识时，如果想用"你真棒"，请把这三个字扩展为"你真棒，因为……""因为……我觉得你真棒"。

　　我们这里说的是教孩子如何欣赏自己，之所以又提起父母如何欣赏孩子，是因为我们要用"我真棒"来教孩子欣赏自己。只有父母知道了如何用"你真棒"的方式欣赏孩子，才可以把正确的"我真棒"的方式教给孩子。教孩子欣赏自己时，可以让孩子把自己每天的进步用"我真棒，因为……"的方式专门记录在一个本上，如"我今天玩完玩具后把它们都收拾好了，我真棒！妈妈也说我真棒！""我真的很棒，因为我今天第一次洗了自己的袜子，以后我要天天坚持洗。""上一次考试我得了90分，这次我得了93分，我进步了！我喜欢我自己！"……然后每天翻看一遍，或者在遭遇挫折、遇到困难时看一看、想一想，孩子就不会沮丧地认为自己不行，而是能从平时对自己的了解与欣赏中获得勇气和信心，从而战胜困难，走出挫折。这是孩子增强自信、乐观向上的一个非常有效的办法。

孩子的懂事是**教**出来的

教孩子坦然面对挫折

人的成长不可能是一帆风顺的。事实上，也没有哪一个人一生中没有遇到过挫折，不管他是伟人还是普通人。科学研究表明，很少遭受挫折的孩子，长大以后会因不适应激烈竞争和复杂多变的社会而深感痛苦，因为他们的心理承压能力差，一点小困难就能把他们吓怕、吓退缩。可见，孩子成长的道路上没有一点挫折也是不行的。其实，遭遇挫折并不可怕，关键是要学会坦然面对挫折，这样才不至于因挫折而悲观失望、一蹶不振。所以，培养孩子以积极乐观的心态战胜挫折，成了父母的一项重要工作。这个做起来也不难，父母不需要对孩子进行大风大浪的磨炼，也不需要有意制造挫折，只需要好好利用生活中自然出现的小挫折、小失败、不顺心、不如意、小意外、小批评等，就可以让孩子学会坦然面对挫折，并且学会真正的坚强。

◆**生活中，挫折是难免的**

常言说，人生不如意十有八九，一语道出了人生道路的曲折与不平。父母要让孩子知道，无论是谁，都会经历一定的困难与挫折，挫折不会因为谁富有而绕道走，也不会因为谁贫穷而特意光顾，"自古雄才多磨难"，看看古今中外那些在政治上、科学上、文学艺术上对人类做出了巨大贡献的人，几乎无不经历过挫折和失败。所以，有一天当挫折来临时，不要觉得这是自己的不幸，也不要认为这是命运的不公，更不能为此而抱怨甚至萎靡不振。

◆挫折不过是人生路上的小插曲

人的一生不但会经历挫折,而且大大小小的挫折会不止一次两次,而是会有很多次。比如,小时候学走路,总摔跤,这就是小挫折,但是每次摔倒后都爬了起来;小时候还爱动手打架,每次都要挨爸爸的批评,这也是小挫折,但经过爸爸的教导,改正了错误,这就是战胜了挫折;一次考试得了全班第一,得意扬扬,结果下次成绩下滑了不少,这也是小挫折,但经过妈妈的引导,认识到自己的骄傲,从此谦虚谨慎,这就是进步。所以,父母要告诉孩子,出现挫折很正常,没什么,并教孩子用这种思维去想问题,教孩子不要把失败和挫折看得太重,让孩子认识到它们只不过是人生路上的小插曲,这样在很多事情面前孩子都能表现得很坦然、很淡定。

◆挫折能让人积累经验

挫折是一把双刃剑,它能给人以打击、痛苦,能把承受力弱的人打败,也能使人奋进、成熟,能让勇敢者获得一定的知识、经验和勇气。父母要让孩子懂得,失败了,肯定是有原因的,如果能借此机会总结一下教训和经验,将是一笔宝贵的财富。这些财富可以帮助孩子从跌倒的地方重新开始,并指导下一次行动。比如,可以让孩子审视一下自己定的目标是不是太高了,是不是跳起来都难以够着,那么下一次就把目标调整得低一点,成功的把握就大一些;或者是不是方法不对,这样下一次再做的时候,就可以灵活地变换一下方法,保证下一次的成功;或者是因为自己掌握的知识不够,那么就要丰富自己的学识,以便日后胸有成竹。

◆挫折未必是坏事

"塞翁失马,焉知非福",这是一个很普通、很平常的道理,却很少有人把它变成自己的习惯性思维,所以遇到事情时很少习惯地从这个角度去

孩子的懂事是 教 出来的

想，而总是去钻牛角尖，总想着挫折带来伤痛的一面，忽视了好的一面。所以，永远都不要认为挫折是坏事，把它当成一件好事去看待，我们就会豁然很多。父母可以引导孩子从坏事变好事这个角度去思考，孩子就不会总钻在失败的阴影里出不来。比如，一次比赛没得奖，可以告诉孩子，没关系，这次要得也是三等奖，我们再努力一下，争取下次得个一等奖；孩子经常被同学骗，很不高兴，可以告诉他，这也是件好事，让你这么小就会识别谎言；孩子心爱的东西不小心摔坏了，非常伤心，可以告诉他，坏事变好事，我们再买个新的。经常教孩子用这样的思维思考问题，面对挫折的时候，孩子自然就会不那么愁眉苦脸或垂头丧气了，甚至会用调侃或幽默的语言来乐观地面对。

◆宣泄挫折带来的烦恼

遇到挫折，产生悲观失望的不良情绪是很正常的，但不能让这种情绪一直持续下去，否则会让人再也爬不起来。积极乐观的人，会主动采取适当的方式，将不良情绪排泄出去，而不是让它压在心里。父母可以教孩子一些宣泄情绪的方法，如找爸爸妈妈或好朋友倾诉、哭一场、大喊出来、去跑步或做自己喜欢的运动、写出来或画出来等，这些都可以帮助孩子消除不良情绪。

挫折对无能的人来说是一个无底深渊，而对那些敢于面对的人来说却是一块成功的踏脚石。人的生命似洪水在奔流，不遇着岛屿、暗礁，难以激起美丽的浪花。挫折是人生的一部分，接受它，就是接受成长。所以，当挫折不期而至时，只要教孩子用一颗平常心去对待，对自己说没有什么大不了，然后直面挫折，便能驾驭挫折，重新踏上征途，到达成功的彼岸。

教孩子懂得"知足常乐"

很多人不快乐，是因为他们太贪婪，欲望太多，为外物所役使，终日奔波于名利场中，抑郁沉闷，不知人生之乐。这样的人日日忙碌，却谈不上乐观向上。如果孩子想要占有的东西太多，同样没有快乐可言。也许有人说，给孩子讲"知足常乐"是不是早了点，其实一点都不早。我们可以看看自己的孩子，他是不是看见自己喜欢吃的东西就吃个没完，看见自己喜欢的玩具不买就满地打滚，看见别人有的东西而自己没有就会眼馋，是不是总用狠毒的话说自己要打败对手……这实质上就是孩子表现出来的"贪"。如果不趁早对孩子进行"知足常乐"的教育，孩子不仅眼下让父母觉得不懂事，长大后也很可能成为一个贪欲很强的人。如果真是如此，那么孩子的一生就谈不上快乐了。

◆贪欲让人不快乐

"人心不足蛇吞象。"用"蛇吞象"来比喻人心之贪婪，实在是最生动不过了，蛇那么小，象那么大，蛇怎么吞得了象！又有什么必要去吞象！可蛇就是想吞，令人百思不得其解。不管我们能不能想通，蛇都是不快乐的，因为它的欲望已经超了它的本事，它终究是吞不了象的。

人有了贪欲，就永远不会满足；不满足，就会感到欠缺，高兴不起来。这个道理，也许说给孩子听，他不懂，妈妈可以给孩子打个比方，商店里有好多种芭比娃娃，大小不同，颜色各异，如果你都想要，咱可能买不起，当

孩子的懂事是**教**出来的

然也没有必要买那么多相似的玩具，也就是说你都想要的话你就一个都得不到，这样你是不是感到很难过？但是如果你选一个自己最喜欢的，妈妈就会给你买了，你就能得到一个芭比娃娃，这样你是不是很快乐？给孩子讲得通俗一点，孩子就会很容易明白"舍才能得"的道理，并接受你的意见。

◆贪欲能搅乱人的内心世界

不知足的可怕之处，不仅在于摧毁有形的东西，而且能搅乱我们的内心世界。我们的自尊，我们的原则，都可能在贪心面前垮掉。欲望无止境，如果任其膨胀下去，必将后患无穷。

我们可以问问孩子，是不是因为没有得到一件玩具而几天都不高兴，是不是看着别人新买的遥控汽车而心生嫉妒，是不是因为这次考试没有得第一而晚上睡不踏实……如果孩子长期存在这些情绪，那么他的心理很可能出现不健康的状况，这对他的成长是极其不利的。父母要让孩子知道不知足带来的这种影响，可以通过讲故事等形式，对孩子加以引导，带领孩子走出贪欲的阴影。

◆贪欲往往由比较而来

人的不知足，往往由比较而来。对于孩子也一样，为什么小朋友有"奥特曼"而我没有，为什么别人的爸爸妈妈可以带孩子去香港而我不能，这样的比较往往使孩子产生一种不满足感，从而不快乐。同样，知足也可以由比较得到。如果能多看一下不如自己的人，和他们比一下，而不是一味地和比自己强的人比较，那么一切不平之心也许就会安宁。所以，父母不妨让孩子与不如自己的人比一比，孩子就会淡然很多。

◆不知足可能源于固执

事实上，世间根本没有完美的东西。追求完美只会让自己身心俱疲，却两手空空。这样的人会郁郁寡欢，永无幸福快乐。所以，父母要审视孩子的行为，看孩子是不是为了一幅画的细节而耗费了一天的时间，总是想着这儿不好，那儿不好，而且很不开心，如果真是这样，那么就要引导孩子知道十全十美的东西是不存在的，没有最好，只有更好，告诉孩子努力了就好，有的事情是不必追求完美的，只要下一次比这一次好一点就是进步。这样，孩子就不会为最好所累，而是关注自己的进步，这才是一种最好的发展方式。

◆ "知足"不等于"不思进取"

这里谈的"知足"，不是有些人认为的对生活无所追求，不是一种消极的生活态度。我们想说的是，知足常乐并不等于不思进取、裹足不前，它是说要以正确平和的心态对待宠辱得失，强调的是一种心态。以一颗平常心去对待现在的处境，而用进取的心去开创未来，我们仍然是快乐的。因为知足，便没有了患得患失，没有了负担，轻装上阵自然如鱼得水。所以，知今日已有之足不是放弃追求，相反是对自己过去努力的肯定，为下一次的努力提供一个良好的心理状态。这一点，父母一定要让孩子明白，不然孩子会养成安于现状的习惯，这对他以后的成长是不利的。

分享能让快乐加倍

分享是一种快乐，分享是一种幸福。生活需要有人分享，不懂得分享的人，无论面对的是快乐还是痛苦，他都是孤独的。懂得分享的人，能赢得友情、亲情、爱情，他的生活是绚烂多彩的。分享就是把自己拥有的东西分给

孩子的懂事是**教**出来的

别人。玩具可以分享，美食可以分享，书籍可以分享，金钱可以分享……这些行为看起来简单，但能真正做到的人却非常少。现实生活中，很多人为了自己的利益去做损人利己的事情，结果却是损人不利己；还有一些自私的人不肯帮助他人、不与他人分享快乐而孤老终生。想让孩子更加快乐，那么我们就教他学会分享吧！一个懂得分享的孩子，他是快乐的，是懂事的。

◆ **分享能产生快乐**

想让孩子明白分享的道理，可以让他在吃橘子时，把橘子分成一瓣一瓣的，分给爸爸妈妈和小朋友一起品尝，再让他观察大家的表情，看看大家的脸上是不是都露出了笑容，然后审视一下自己的内心，看自己是不是很快乐。答案是肯定的。这是因为孩子自己一个人吃橘子的时候，只有他自己觉得香甜，而此时他只是觉得味道的甜美，可能不会感觉到快乐，但当他把橘子分给大家吃时，大家的脸上都带着微笑，孩子会感觉到是自己把快乐带给了别人，觉得自己真了不起，所以他发自内心地快乐。因此我们说，分享能产生快乐。因为我们将东西和别人分享时，思想不再是紧张的，而是放松的，情绪也是快乐的，整个人的精神状态都会好很多。

◆ **拒绝分享带来孤独**

不懂得分享的人终究是孤独的，他的心中会杂草丛生，一生都无快乐可言。

我们每个人的心都是这样一座美丽的大花园，但如果没有人和我们分享，一切都会变得索然无味。我们渴望爱和友谊，却一个人蜷曲在自己狭小的天地里，不肯让人进入，不懂与人分享，这只会让自己的心更加封闭，爱和友谊永远都不会光顾这样的人。这种人即使得到了美好的东西，也未必会有美好的心情。

◆ 快乐也可以分享

分享快乐，可以让快乐加倍。因为快乐是可以传递的，当我们把自己的快乐讲给别人听时，我们就是在用快乐去感染别人，别人当然也会快乐。教孩子把自己每天拥有的快乐分享给爸爸妈妈、同学、朋友、老师，哪怕只是一本好书、一句幽默的话、一些有趣的电视节目……不仅能让孩子拥有一天的好心情，也能让大家更快乐。爸爸妈妈还可以鼓励孩子把一家人周末爬山或郊游的经历说给同学们听，这都是一种分享。

另外，让孩子注意一下，看是不是当自己愿意和小伙伴们分享时，小伙伴们也同样愿意与自己分享，这个答案也是肯定的。和小伙伴们分享自己的玩具，他们也会让你玩他们的玩具；和小伙伴们分享旅游的快乐经历，他们也会告诉你他们去了哪儿。而且，在分享快乐的过程中，孩子还会发现其实每个人都喜欢与人分享，有的人愿意和大家分享自己成功后的喜悦心情，有的人喜欢和别人分享那种不服输而向着目标努力奋斗的精神，不管分享什么，只要人与人之间相互沟通，不经意间，我们会发现快乐也能碰撞出绚丽的火花，在每一次交流中都会收获友情、知识，也收获了快乐。

◆ 痛苦因分享而减少

快乐因分享而加倍，痛苦却能因分享而减少。当我们把悲伤告诉一个人时，我们就少了一份悲伤。这个可以让孩子去实践，他会在自己的亲身体会中懂得这个道理。当孩子因为受到同学的误解而伤心时，妈妈可以引导孩子把自己心中的痛苦说给妈妈听，告诉孩子妈妈愿意分享他的痛苦，孩子说出来以后，可以让他对比一下，是不是心情比之前轻松了不少。妈妈还可以鼓励孩子，有了不开心的事，除了可以向爸爸妈妈诉说外，还可以向自己的好朋友倾诉。同时还要让孩子学会倾听他人的诉说，因为友谊是需要双向维护的。孩子懂得了这个道理后，爸爸妈妈就不用担心他不会处理糟糕的情绪了。

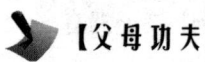【父母功夫】

学会给孩子积极暗示

心理学上有个"暗示效应"：一个人被看成什么样，被怎样对待，在不长的时间内，就会变成现实。积极的心理暗示能对孩子发挥奇效，使孩子产生一种积极向上的精神状态，并付诸行动，直至成功。

暗示的作用往往比直接劝说或指示、命令的作用大得多。如果我们简单地吩咐孩子"闭上眼睛，快睡觉"，往往并不见效，有时反倒使孩子更加兴奋。这时，妈妈不妨在被窝里给孩子讲故事："有一天晚上，小鸭子要出去玩。妈妈对他说别的小朋友都睡觉了。小鸭子不听，走到河边一看，鱼都睡觉了；走到树林一看，小鸟都睡觉了；走到田野里一看，小狗都睡觉了。睡觉了，睡觉了，他们都睡觉了，他们都把眼睛闭上睡觉了。小鸭子想，妈妈说得对，我也想睡觉了。于是，他也睡着了。"讲故事的时候，注意用一种疲倦的声音，同时不断地重复"睡觉了""闭上眼睛了"等，声音逐渐减弱，最后若有若无。妈妈在讲故事的同时闭上眼睛，并不住地打哈欠，孩子会很快进入梦乡。

每个人的易感性不同，受心理暗示的效应也不同。孩子的年龄越小，对心理暗示的阻抗也就越小，父母在孩子心中的权威性越强，心理暗示的效应也就越显著。可见，父母的暗示对孩子的性格塑造非常关键。

生活中，父母坚强乐观，平时总是哼着曲子做事，不为打翻的牛奶而喋喋不休地抱怨，平时总以"一次没做好没关系，我再做"的心态鼓励自己，并能给孩子良好的表现以正确的评价和褒奖，孩子的潜意识中就会形成积极的心理暗示，于是他也变得乐观、自信、积极进取，能找到生活的动力和激情。这样的孩子长大后不容易被挫折击倒，容易成功。

相反，父母做事信心不足，遇到困难悲观丧气，对孩子的过错指责抱怨，训斥孩子不行就别做了，这无形中把一种"我不行"的消极心理渗入了孩子的性格，使孩子胆怯懦弱、遇事退缩、缺乏信心，从主观上认为自己不行而自卑，因为怀疑自己的能力而看不到未来；任何事情他看到的都是消极的一面，从而精神萎靡、缺乏人生的动力和竞争意识，这样的人生当然不会美好。

所以，父母要有意识地给孩子以积极的心理暗示，避免消极的心理暗示。当孩子遇到挫折时，父母首先不能表示出难过的情绪，而应该给孩子传递一种"不要紧"的情绪，帮助孩子缓解因挫折而痛苦的心情；如果父母表现得比孩子还难过，孩子的心理压力就会成倍地增大，这样他就越会陷入痛苦之中而难以自拔。

同时，父母应该注意及时引导孩子，变消极的自我暗示为积极的自我暗示。比如，孩子参加一次比赛，表现出"心里没底"的状态，父母则要引导孩子从"心里没底"变为"别人行，我也行"的状态。在这种积极心理的暗示下，孩子才会全力以赴、信心百倍地去获取好成绩。

有时，一种在我们看来是积极的暗示，却会起到相反的效果。比如，孩子中考或高考前，妈妈告诉他"千万别紧张"，反而容易让孩子更加紧张。

孩子的懂事是 教 出来的

也许这个时候,对孩子说"发挥出你平常的水平就可以了",比"千万别紧张"更能安抚孩子紧张的情绪。所以,在给孩子积极的心理暗示方面,父母要不断学习,研究孩子的心理变化与反应,掌握科学的方法,给孩子正确的暗示。这也是需要父母下功夫掌握的一门学问。

第3章　懂事的孩子自立自强

自立自强才能生存

　　自立自强是一种良好的品质，是一种可贵的精神，是一种生存本领。自立就是靠自己的劳动生活，不依赖别人；自强就是勤奋、进取，依靠自己的努力不断奋斗，实现自己的目标。自立是有志气的表现，只有自立，才能活得有尊严；自强是英雄本色，自强的人才能干出一番事业。

　　孔子说"三十而立"，就是指的自立。然而，生活中，不少人成年了，父母不辞辛苦地把他们养大，甚至给他们买房结婚，供他们上完大学，他们却依然依靠父母生活。这样的"啃老族"不能自食其力，给父母增添了巨大的生活压力。哪一个父母也不希望自己的孩子长大后成为不能自食其力的人，而孩子长大后都是要离开父母独立生活的，所以父母需要教孩子从小懂得自立自强的重要性，树立自立自强的意识，为他们长大成人后能够自立自强打好基础。

　　◆自立自强是生存的需要

　　"适者生存"是自古以来的生存法则，无论是自然界，还是人类社会，只有很好地掌握生存法则，才能适应环境，不被淘汰。

　　世界首富比尔·盖茨决定把自己的几乎全部遗产捐给社会，而只给子女极少的一部分，就是要断了孩子们的依赖心理，让他们不要成为"坐吃山空"的"啃老族""月光族"，而是做自强自立的人。比尔·盖茨这样做，不是因为不爱他们，恰恰是因为更爱他们，不仅为他们的现在着想，更为他们的未来打算。

孩子的懂事是 教 出来的

◆ **自立自强是儿童自身成长的需要**

孩子的成长过程中，需要建立一种可持续发展的机制，使目前受到的教育与培养能为若干年后孩子步入社会提供服务。自立性是能够保持可持续发展的一种动力，这个动力是家长所不能给予的，所以孩子需要依靠自己来获取充足的动力，以推动身体、大脑的生长发育正常进行。

自立自强也是健全人格的重要组成部分，是人能够发挥其潜力的基础。试想，一个连基本生活都不能自理的人，谈学习、生活、工作，那不是一句空话吗？想取得辉煌的成就，那更是空中楼阁。而一旦孩子能够沿着自立的道路前进，深藏在他身体内部的各种潜能便能够被充分地激发出来，以满足社会发展的需要。自立性强的孩子通常会发展得更顺利、更好，自立性差的孩子发展就相对较差，这也是社会的需求造成的。

◆ **自立自强是自尊的需要**

一个不能自食其力的人，花钱吃饭靠父母，他们看不到父母的辛苦，一旦父母有一天供不起他们吃喝了，他们则容易被外界的物质所诱惑，为半斗米而折腰，活得没有任何尊严，甚至违法乱纪。

◆ **自立自强是成功的需要**

生存需要自立自强，成功同样离不开自立自强。试想，一个人生活不能自理，吃饭靠伸手向父母要钱，没有自己的理想，他如何能够干出一番事业。

缺乏自立意识的人，都有极大的依赖思想，他们大事做不来，小事又不愿做，整天无所事事，成为别人的包袱，更别说是做出一番事业了。而在欧美，孩子成年后，父母就不再供养，到父母家吃饭是要掏饭费的，这在我们中国人看来是少了一些人情味，却能促使孩子早早自立，为孩子开创自己的事业提供了条件。

可以这样说，人的成长过程，就是一个不断学习自立的过程：从学会走路开始，就获得了身体上的自立；能自己吃饭、穿衣时，就有了自立生活的体验；走上工作岗位，能够自己养活自己，就获得了基本自立的人生。自立的生活表现在方方面面，也从方方面面影响着人们的成长和发展。总之，自食其力，生活是美好的；卑躬屈膝，生活是酸苦的。唯有自立自强，才能赢得尊严和尊重。想让孩子靠自己的双手和本领生活，并且活得有尊严，父母就必须教孩子从小懂得自立自强，并掌握一些自立自强的技能。

父母请适时放开双手

孩子无法自立，就缺乏亲自实践的机会，因此缺乏自信，能力低下，不能适应复杂的社会，这一切都源自于父母的"不放手"。有的父母不懂得自立能力对于孩子的重要性，认为孩子还小，长大了自然就能够自立了，所以将孩子大大小小的事情都一手包办，致使孩子失去了从小锻炼自立的机会；有的父母过分溺爱孩子，舍不得让孩子做事，又怕孩子磕着碰着，孩子的自立意识与自立能力被所谓的"爱"完全吞噬；有的父母一心为了孩子的学习与前途，把孩子除了学习以外的事情都"归为己有"，剥夺了孩子动手和独立思考的机会，使孩子除了学习什么都不会做。这些父母不知道，就是他们的"一手操办"，让孩子所感受到的几乎都是"现成"的，用不着去"操心"，久而久之就习惯了依赖，最终害了孩子。那么，想让孩子自立自强，父母应该怎么做呢？

◆父母请"放手"

想让孩子自立自强，父母首先要明白"放手"这个道理，从思想上高度

孩子的懂事是教出来的

重视自立对孩子的重要性，当孩子表现出要独立的意识时，把自己那双大手适时地收回来，这样孩子才能像小羚羊一样学到真正的本领。

◆ 了解并珍惜孩子的独立意向

1岁左右的孩子，开始学习走路，这是孩子身体独立能力的展示，代表着独立意识开始出现萌芽，比如走路时会推开家长的手，表现出一种"自己来"的要求。2岁左右是孩子独立性发展最快的阶段，此时孩子以第一人称"我"称呼自己，这标志着孩子独立意识的形成，也表明他开始意识到自我的存在。2岁之后，孩子开始闹"独立"，开始出现"给我""我要""我会""我自己来"等自我独立性意向，吃饭不让喂，要自己吃；当成人帮他把被子叠起来时，他偏要重新打开"自己来叠"……这标志着孩子的自我意识有了一定的发展，主观能动性越来越大，不再被动地听任成人摆布，对成人的指示和安排有越来越大的选择性。

孩子表现出来的独立意识，是孩子成长过程中必不可少的一步，是孩子自身发展的需要，也是孩子可喜的进步，对于孩子的健康成长是十分可贵的。这时，父母应该珍惜孩子的独立意识，不要过度保护孩子，鼓励孩子做些力所能及的事，如吃饭、穿衣、叠被、系鞋带、整理图书等，并给予孩子鼓励，使其独立性不断地得到发展。这是孩子自立的前提之一。

◆ 相信孩子能行

大多数父母认为孩子小，什么都不会做，给孩子喂饭、清洗、穿衣等是自己的职责，所以事事亲力亲为。研究表明，当孩子表现出独立需求的时候，不论是在身体方面还是智力方面，都具有完成自己吃饭、穿衣、走路、洗漱等这些工作的能力；同时，当孩子学会了走路时，他就乐意走来走去，帮大人拿东西；一旦学会了用勺子吃饭，他就喜欢不断地练习这一技能……这就是培养孩子独立习惯的时机。而且，当孩子独立活动的要求得到某种满足或受到支持时，孩子就会表现出得意、高兴，出现自尊、自豪等最初的自我肯定的情感和态度，否则就出现否定的情感和态度。

看来，我们的父母需要改变自己的传统观念，重新认识孩子，把孩子能做的事情放手交给他去做，当然该指导的时候给予孩子指导，这样坚持下去，孩子的自立意识、动手能力、劳动观念等都将逐渐形成，自信心大增，自立的能力也必将获得提高。

◆鼓励孩子多动手

父母不仅要学会"放手"，还要鼓励孩子多动手去做。孩子只有动手去做，才能真正学会解决问题，才能真正摆脱对父母的依赖，养成自立的习惯。现实生活中，不少父母一看到孩子自己动手摆弄东西，就大呼小叫地制止，一是担心孩子受伤，二是怕把物品搞坏。这就限制了孩子动手实践的机会，对培养孩子的自立能力非常不利。专家指出，父母不仅不能限制孩子动手实践，还要为孩子创造良好的锻炼机会，帮助孩子养成独立的良好品质。

如果有一天，你发现孩子把家里的闹钟大卸八块，不要急于上去制止，首先要表现出没有责备他的意思，然后引导他仔细观察每个零件，最后鼓励他把闹钟重新装好。这个鼓励一定要让孩子知道，妈妈相信他一定能装好，这样孩子在自信的力量推动下就真的能完成这个任务。或者，当孩子的小自行车突然走不动了，父母不要自己去修，鼓励孩子仔细观察车链、车轮、车闸，查找原因，也许孩子会在父母的鼓励与启发下发现问题，并动手解决问题。

通过类似的动手实践活动，孩子不仅能够养成良好的动手能力，还能对未来的挑战充满更大的热情。

孩子的懂事是**教**出来的

教孩子学会自我管理

自理就是自我管理、自我服务，简单地说就是自己照顾自己。自理能力是孩子从依赖走向自立的前提和基础。一个不能自理的孩子，很难想象他在其他方面能有什么发展。自理能力不是天生的，它需要后天的培养和锻炼。所以，父母一定要在爱孩子的同时记住自己的教育责任，那就是训练孩子的生活自理能力，让孩子从小做自己能做的事情，养成不依赖他人的习惯。

◆ **自理从培养意识开始**

培养自理能力，自理意识应该先行。长期以来，不少父母对孩子的事情都是全部代劳，使孩子形成"只要我不愿意做的事情，父母就会帮我去做"的意识。这种意识显然不利于自理能力的培养。因此，父母要通过各种形式让孩子知道，自己已经长大了，要学会自己的事情自己做，更要让孩子意识到，自己有能力管理自己的生活。在责任与信心的双重鼓舞下，孩子会学得很快，自然就会有"自己的衣服自己洗""自己的玩具自己摆放"等自理能力。等孩子有了自我管理的意识和权利，他就会学着自己安排事情，并尽量"处理好自己的事情"。

◆ **遵循从易到难的过程**

孩子的身心发育有其规律和特点，那是一个从低级到高级的过程，孩子各种能力的发展也是随着年龄的增长而递增的。父母的教育要根据孩子每个年龄段的特点，为孩子设置一个从低到高、从易到难的目标，运用科学的方法，帮助孩子达到应该达到的水平。然而在现实生活中，有些父母往往为孩子设立超过孩子所处年龄段的目标，恨不得让一个1岁的孩子认识所有的汉字，让一个2岁的孩子完全自理。这种"揠苗助长"的方式非常不利于孩子的健康成长，它将直接导致孩子丧失兴趣、自信心降低、害怕困难与失败等不良后果。

为孩子定制目标要有一定的层次性，然后循序渐进地一步一步来实施。例如，在培养孩子独立吃喝方面，1岁时教孩子用小勺吃饭；到1.5岁左右，就要教孩子左手扶碗，右手拿勺自己独立吃饭，还要教他用双手拿着杯子喝水，饭后用餐巾擦嘴。到2.5岁，孩子就能干净利落地吃完一顿饭。又如，3岁的孩子可训练吃饭、洗手、刷牙等；4岁的孩子可学习折叠被子、整理床铺及自己照料生活；5～6岁的孩子要求穿脱衣服迅速、整齐，洗脸洗手要洗得很干净等。这是一种长远规划，对孩子的发展非常有利。

◆将训练游戏化

孩子身心发展的特点决定了他对枯燥无味的事情没有兴趣，也不会坚持去做，父母可以利用游戏的方法使孩子产生兴趣。比如，为了让孩子学会用勺子吃饭的技能，妈妈可以在大可乐瓶子的身上挖一个小嘴，再用纸贴上娃娃的眼睛，然后准备一些豆子、纸球等物，让孩子用勺子喂娃娃吃饭，这样孩子既能从游戏中得到快乐，也学会了自主吃饭的能力。又如，孩子玩完玩具后，妈妈可以和他玩"把玩具送回家"的游戏，在玩具架上贴上各种玩具摆放的标记，请孩子把每种玩具送到相应的位置。孩子会将这种事情看成游戏的一部分，每次玩完都能将玩具归位，很好地培养了孩子的自理能力。

◆把方法教给孩子

做什么事情都有方法，掌握了方法，就学得快，学得轻松。要让孩子学会自理，必须让他明确自理的方法。孩子不知道怎么系鞋带，就谈不上系好

孩子的懂事是 教 出来的

鞋带；孩子不会洗脸，就谈不上把脸洗干净……也就是说，即使孩子有了自理意识，如果缺少自理的方法，就是想做也做不好，所以教给孩子具体的自理方法是必要的。

一般情况下，将做某件事的整体动作进行分解，一步一步地教给孩子，孩子往往容易掌握。比如，教孩子穿衣服前，可把步骤简单地给孩子说一遍，在实际动手时再按步骤予以讲解，如该穿袖子了就告诉孩子现在要穿袖子，请孩子把胳膊伸到袖子里，这样孩子就知道自己正在干什么，下次再做同样的动作，孩子就会印象深刻。

◆ **要持之以恒**

孩子的任何良好习惯的养成与能力的培养都不是一天两天所能完成的，这要靠平时的点滴积累，所谓"滴水穿石，不是力量大，而是功夫深"。而在这一积累过程中，孩子的好奇心又特别强烈，他总在不断地发现自己感兴趣的新事物，对已经尝试过的事情可能不再感兴趣，这时家长就要有意识地提醒孩子去做，以加强他的熟练程度。比如，扣过几次纽扣后，孩子可能会将兴趣转向穿袜子，此时家长不仅要教孩子如何穿袜子，还要引导孩子继续学习扣纽扣，这样才能强化扣纽扣这一自我服务能力。这一现实要求家长有持之以恒的精神，不能三天打鱼两天晒网任由孩子发展，否则孩子自立能力的培养将无从谈起。

由于孩子年龄小，缺乏自我管理的经验，而且很多事情第一次做，所以会显得"笨"，这时要求父母耐心地给予孩子引导、指点和帮助，但不能代替他去做。

让孩子自己做决定

孩子的一生会遇到很多十字路口,随时都有需要他做决定的事情,小到吃什么、穿什么,大到择业、成家,父母不可能时刻陪在孩子身边,事事替他做选择。既然不能陪孩子一生,不妨让孩子从小就为自己的事情做决定,培养他独立的生存能力,所谓"授以鱼不如授以渔",这样一定能培养出父母眼中懂事的孩子,他们不让父母操心,遇事有主见,能自己处理好自己的事务。这样的孩子能真切地感受到生存的价值,能更清晰地认识自我,会积极乐观地生活。而事事都依赖父母做决定的孩子,遇事缺乏主见,不会用自己的脑筋思考问题,唯唯诺诺,缺乏责任感,人格中少了独立自主这个要件,今后的学习、生活以及成年后事业的成功和家庭生活的美满都将受到严重影响。这样的孩子,即使到成年后再训练他自己做主,他的这种意识和能力恐怕也难以培养起来了。可见,孩子的事让他自己做决定,从小开始,刻不容缓。

◆孩子的事,征求孩子的意见

"孩子未成人,但也是人。"父母应把孩子当作家庭中平等的一员来对待,尊重他在家庭中的地位,任何涉及孩子的事情,应尊重或听取孩子的意见。比如,给孩子穿衣服时,可以多拿出来几件,让孩子决定穿哪一件,哪怕孩子这时还不知道如何选择,但要让孩子知道自己是可以选择的;孩子吃饭时,允许他选择吃什么、不吃什么;给孩子买玩具时,要征求孩子的意

孩子的懂事是教出来的

见，尽量买孩子喜欢的玩具；购物时，可以让孩子选择购买自己喜欢或者需要的物品；给孩子报兴趣班时，也应该让孩子自己去选，孩子的意见和想法，家长要多多支持。

如果父母不同意孩子的意见，也要以商量的口吻表示对孩子的尊重，而不要用命令式的语气。比如，可以把"你该这样做""还不快去做作业""我不允许你和他交往"这样的说法，改为"这件事我们可以再商量一下""你看看，能不能这样做""我想你先完成作业再看电视会更好一些"这类说法，让孩子觉得有些事是可以商量的，而不是一定要按父母的意志行事，让孩子感觉到父母对自己的尊重，从而帮助孩子建立独立思考的意识，提高孩子按自己的意志主动处理好事情的能力。

◆在限定范围内，让孩子选择

当孩子还太小时，由于受知识、经验的限制，在有些选择面前，他往往不知如何选择或者不能做出正确的选择。这时，父母可以给孩子一定范围的选择权利，就是让孩子在限定的范围中进行选择，这样不仅可以帮助孩子做出选择，还有利于孩子逐渐树立起适当的选择意识。

◆引导孩子自己做选择

有时，在太多自由和选择面前，孩子往往犹豫不决，不知道自己要怎样选择。这时，父母可以给予孩子一定的提示，引导孩子做出选择，但万万不能代替孩子去做选择。

◆给孩子充分的信任与自主权

只要不是原则性的问题或危险的事情，父母都可以鼓励孩子自己做决定，而且要相信孩子一定能做好，这样孩子才能成长为一个独立、有主见的人。

小学四年级，不少孩子还都是父母接送上下学，所以例子中男孩的做法在我们大多数父母眼里几乎是不敢想象的事情。男孩之所以能早早独自一个人出去旅行，源于父母给予他的充分信任和自主权。这样的父母懂得孩子的成长规律，明白孩子的真正需要，而不是事事替孩子做主，他们给予孩子最少的指导、最大的耐性和最多的鼓励，让孩子自觉地产生尝试的喜悦，并坚信孩子能够做到。他们知道，孩子会为父母对他说的这些话而激动不已：

"你来决定这件事。"也许大多数父母很难真正做到这一点。然而，这样的话确实让孩子感动，能激励他做出自己的决定，也让他引以为豪。更重要的是，父母没有横加干涉，这让孩子更加相信自己，尤其是孩子不自信的时候。这种信任让孩子觉得沉甸甸的，没有人愿意辜负这种信任。这些感情会转化为前进的力量，往往就是大人们所谓的"学习意愿"。

让孩子自己做决定，父母就要真正地放手，千万不要以各种理由左右孩子，要给孩子单独思考、学习和玩耍的时间和机会，让他自己寻找问题的答案、自己学会解决争执、自己解决遇到的困难、自己学会调整情绪。这里面就包含了观察、分析、权衡、判断、综合等思维的过程。当孩子以自己的能力实在解决不了有些问题时，父母可以帮助孩子分析，适时给孩子提点建议，但绝不能代替孩子去做。孩子每自己做一次决定，他的自主能力就会随之提高一步，自立能力也就会慢慢提高。

告诉孩子生活需要梦想

有了梦想，生活就有了希望，行动就有了动力，我们才会勇敢地踏上脚下的路，毫不犹豫地迈出坚定的步伐，并不停歇地走下去。树立一个梦想，并朝着梦想的方向努力，即使梦想不能变成现实，孩子在奋斗的过程中也能

孩子的懂事是 教 出来的

逐渐自立自强，学会独立生活，并建立坚强自信的品格。

◆ **保护孩子的梦想**

父母不仅要知道，孩子有梦想是可贵的，而且要让孩子知道，生活需要梦想。不管孩子的梦想在大人看来是多么不切实际，也不能嘲笑他的异想天开，要好好保护孩子的梦想，别让孩子的梦想因为我们的一句打击或嘲笑而折了翅膀。

其实，不少伟大的人物都和伟大的梦想连在一起：拿破仑小时候就梦想成为指挥千军万马的统帅，旅馆大王希尔顿小时候就梦想自己有许多大旅馆，桥梁专家茅以升小时候就梦想造很大、很结实的桥……可见，梦想大，动力就大，人付出得就多，成功的可能性就大。所以，不管孩子说出多么惊天动地的话，只要他表现出来的梦想是积极的，父母都应马上给予肯定、赞美与鼓励，千万不要给孩子的梦想泼冷水。

◆ **梦想没有大小之分**

梦想的力量是神奇的，不管梦想多么伟大，也不管梦想多少渺小，它都是一种动力，都能激励人去奋斗。只要孩子心中怀有梦想，哪怕是一个小小的梦想，父母都要支持孩子，告诉他，"爸爸支持你，去实现你的梦想吧"，而不能因为孩子只想走出山沟到外面去看一看而嘲笑他没有出息。

◆ **激发孩子的梦想**

"少年强，则国强。"孩子是祖国的希望，民族的未来，孩子的精神面貌，决定了一个民族的未来走向。如果孩子没有梦想，那就激发孩子树立一个梦想！尽管他不一定是神童，不会弹钢琴，也不见得成为未来的明星，但是树立梦想并为之而奋斗，他必会收获一颗正直的心和一腔饱满的热情，而这些将为他在未来赢得掌声。

——引导孩子设想未来。父母可以利用临睡前的时间，引导孩子充分展开想象，想象自己成了像爱迪生一样的发明家，坐在什么样的办公室里，发明了什么样的东西，为社会做出了什么样的贡献等。想象得越详细越好，越具体生动越好，并让孩子把想出来的画下来，制作一个梦想画册，引导孩子每天翻看。还可以把对孩子来说最有吸引力的梦想图挂在孩子经常能看到的地方，以不断刺激他为梦想而努力。

——允许孩子心中有个偶像。孩子心中有个偶像，他就会朝着自己梦想成为的那个人去努力，而且效果不错。

如果孩子想成为体育明星，并以姚明为榜样，那就让孩子多了解关于姚明的个人情况和拼搏历程；想成为像撒切尔夫人那样的国家领导人，就让孩子多读关于撒切尔夫人的书和故事。许多人都会以偶像为榜样目标规划自己的一生，当我们问孩子想成为一个什么样的人，而他却无从回答时，父母可以鼓励孩子心中装一个偶像，以他为榜样，然后努力实现梦想。

◆帮助孩子把梦想目标化

梦想就是一个大目标，要实现梦想，必须将其具体化为若干个小目标，一个一个实现，最后离大目标就不远了。

将大目标分解为多个易于达到的小目标，一步步脚踏实地，每前进一步，达到一个小目标，对于孩子的梦想也可以这样做。比如，孩子现在上初中一年级，他的梦想是上北大。父母可以帮助孩子把这个梦想具体分解为每一年的目标，只要每一个学期、每一年都能取得好成绩，那么北大这个目标一定是可以实现的。这样做让孩子觉得梦想不是遥不可及的，而是通过自己的努力可以一步步实现的，给了孩子自信和希望。

孩子的懂事是 教 出来的

培养孩子的自尊心

自尊是指尊重自己、爱护自己，不向别人卑躬屈膝，也不容许别人歧视、侮辱。自尊是一个人品德的基础，是自立自强的基础，是一种健康良好的心理状态。一个人若失去了自尊心，他的品德就会瓦解。人之所以变成乞丐、赌徒、盗贼，都是由于失去了自尊心的缘故。孩子虽小，但也是有自尊心的。妈妈批评孩子之后，孩子低着头不说话或者哭泣，都是自尊心受到伤害的表现。孩子的自尊心就像稚嫩的小苗，稍不留神就会受到伤害，给童年留下难以抹去的阴影，甚至会影响孩子的一生，使他长大后成为一个缺乏自信或者没有尊严的人。

孩子从一出生开始就是社会上的一个独立个体，就获得了受尊重的权利，包括父母的尊重。现代教育强调父母应该最大限度地尊重孩子，因为众多实践证明，受到父母充分尊重的孩子，大多待人友善、懂礼貌、举止大方、自立意识强。心理学家认为这是孩子受到应有尊重的良好反应。如果孩子一直在被尊重的环境中成长，他自然而然地就会自尊、自爱，同时尊重他人。天下父母望子成龙，都希望自己的孩子积极向上、充满热情、自信心强，所以父母应保护孩子的自尊心，并注意培养孩子的自尊心。

◆ 让孩子感受到你的爱

父母爱孩子，孩子才能感受到温暖，才能健康地成长，更有尊严，更自重。父母对孩子冷漠、厌烦，会使孩子觉得冷冰冰，在失望中失去自尊。在教育孩子的过程中，父母要不断地表达对孩子无条件的爱，让孩子明白，无论任何时候、任何情况，父母对他的爱都不会减少一分，哪怕是他犯了错误。当孩子感受到父母总和他站在一起时，他的自尊心和自我价值才有得以生长的环境。但是，表达对孩子无条件的爱，要把对孩子的爱与对他的行为的评价分开，不能说爱孩子就可以忽视他的错误，否则那不是爱孩子，是害孩子。比如，孩子犯了错误，爸爸可以给他讲清楚道理，让他知道自己错了，并能改正错误，同时让孩子意识到爸爸虽然批评了他甚至惩罚了他，但爸爸对他的爱没有减少，并且知道爸爸这样做是爱他的表现。

◆**在日常生活中尊重孩子**

尊重孩子应该从小开始，并贯穿于日常生活之中，使孩子意识到自己是家庭中的一员，每一个成员之间都是平等的。比如，和孩子说话时要蹲下来和孩子平视，避免孩子有"低人一等"的感觉；不要劈头盖脸地训斥孩子，遇到问题与孩子和颜悦色地沟通，了解孩子的真实感受，和他一起寻找解决问题的办法；不拿自己的孩子和别人的孩子比，不说自己的孩子"不争气""没出息"这类的话；想让孩子帮忙时一定要说"请"，孩子帮忙后一定要说"谢谢"；误会了孩子或说错了话，一定要向孩子道歉，一声"对不起"可以帮助孩子建立自尊，同时能培养孩子尊重人的习惯。

◆**理智地对待孩子的错误**

孩子在成长的道路上犯错是难免的，而且孩子是在一次次犯错并一次次改正的过程中成长的。孩子年龄小，有时对事物的判断及对事情的处理上欠考虑，所以处理孩子的错误时，父母应从孩子的立场出发，考虑一下孩子说话、做事的动机，或许可以理解孩子的做法。

如果孩子真的犯了错误，父母首先要控制自己的情绪，竭力做到心平气和，不责备、讽刺、挖苦孩子，避免孩子因产生自卑而失去自尊。这时，父母能做的就是和孩子一起分析犯错的原因，给孩子讲道理，让孩子明辨是非，知道自己错在哪里了，千万不能因一个错误而对孩子的个性和品质进行全盘否定，而是应该就事论事，帮助孩子改正错误。

另外，一定不要在大庭广众之下训斥孩子，否则孩子自尊心受到伤害

孩子的懂事是**教**出来的

的程度是难以估量的,也许会对他的性格乃至整个心理的健康成长造成深远影响。

◆**教育孩子尊重他人**

我们尊重他人,就能换得他人的尊重。尊重他人,是人的基本教养。当一个人不尊重别人时,他自己也无尊严可言。父母一方面要以身作则,以亲身示范的方式教育孩子尊重他人;另一方面,要教孩子不说侮辱他人的话,不揭别人的短处,尊重他人的劳动,见到老师、同学问好,从内心欣赏他人、接纳他人。当别人犯错误的时候,给他面子,说话留有余地,也是尊重别人自尊心的做法。

第4章　懂事的孩子热爱学习

激发孩子主动学习的热情

问问我们身边的孩子,"你为什么学习",不少孩子会回答,"为了考试而学习""为爸爸妈妈高兴而学习""老师说要认真学习""为了挣大钱而学习"。难怪我们的孩子成天被家长和老师逼着学习,因为他们根本不知道自己为了什么而学习,也就是说他们不明白学习的动机和目的,这种被动的学习收获是极其有限的,学不好也就不足为怪了。

能够主动学习的孩子,他们能够体谅父母的良苦用心,不让父母费心,他们是非常懂事的孩子。想让孩子主动学习,父母应该帮助孩子树立正确的自我观念,引导孩子学会关注自己的内心感受,让孩子懂得自己的成长、进步、幸福生活与个人的心理和行为直接相关。让孩子明白学习是为了满足自身成长的需要而不是为了别人,而且学习是一件必须做的事情。孩子在学习上有了自我意识,就不会再觉得是别人逼着他学习,从而变"要我学习"为"我要学习",这样才能积极主动地参与学习。

◆**让孩子知道学习不是为了父母**

其实,孩子心中"为了父母而学习"的想法并不是空穴来风,实在是父母的做法不得不让孩子有这样的想法。我们看看,当孩子写作业拖拖拉拉时,父母一遍一遍地唠叨,催他赶紧写完;当孩子的学习成绩有所下降时,父母的情绪也变得糟糕,强迫孩子把所有的时间都用在学习上;当孩子上培训课时,父母不辞辛苦地陪着上课……父母的这些行为,让孩子不得不认为,自己学习是为讨父母欢心,让父母高兴,让他们别打骂自己;是为了迎

孩子的懂事是**教**出来的

合父母的要求,让他们别总在自己面前唠叨;是为了满足父母的虚荣心,让父母在人前有面子;是为了让父母因为对自己的付出而得到心理平衡。当孩子有了这些想法时,他无论如何也不会认为他是在为自己学习,尽管父母可能已经把"为自己学习"的道理讲给孩子听了很多遍。所以,父母平常的言行举止一定要谨慎,不要让孩子觉得他在为父母学习,要让孩子明白"学习是为了自己",并且相信孩子作为一个独立的个体,有能力承担属于他的责任,同时还要把这种信任传达给孩子。

◆让孩子知道学习能满足好奇心

如果让孩子觉得学习能满足自己的好奇心,同时能收获快乐感和满足感,那么不用别人催促和监督,孩子就会主动学习、积极探索,这种学习才是最有效的。

父母要利用孩子好奇心强这一特点,引导孩子多观察、多想象、多思考,在不知不觉的学习中满足好奇心,同时让好奇心督促孩子主动学习,培养孩子自觉学习的习惯。

◆让孩子知道学习能实现理想

孩子与孩子之间的智力差异并不大,但为什么在同一个班里、同样的老师教,有的同学能学得很好,而有的同学学习的效果却相差甚远。根本原因就是学得好的同学有明确而长远的理想,他们正在努力为理想而奋斗;学得差的同学没有目标,混混沌沌地过日子,学习成绩当然上不去。所以,想让孩子主动学习,首先要让孩子树立明确的理想,让孩子在目标的激励下获得学习的动力。

一项调查研究表明,有明确理想的孩子学习主动、认真,即使反应比其他同学慢一点的,也能学得较好。调查发现,学得好的孩子一般都有自己的理想,"我长大想当老师,当老师就要有学问""我想当科学家,探索星球的奥秘""我想当宇航员""我想当医生，如果学得不好，医术不高，就不能医好病人，做手术出现错误"……可见，有了远大的志向，就会为了实现理想而努力学习，这是一种内在的驱动力。这种力量能使孩子长久不变地坚持学习，而且越学越快乐，因为这样的学习能够使人感受到朝向理想前进的快乐。所以，父母要帮助孩子树立理想并开启理想之路，引导孩子为实现理想而努力学习。当孩子每天都在为自己的理想做规划时，学习就成了自然而然的事情。

◆**让孩子知道学习能让他自食其力**

孩子未成年以前，生活依靠父母。但是，总有一天，孩子要离开父母而独立生活，到了那时，不能没钱了就伸手找父母要，而是要自己养活自己。所以，父母要告诉孩子学习的目的就是为以后自力更生打基础。有的人如修鞋、做木工活、做泥水工等，凭手艺生存；有的人当老师、经理、设计师、律师等。你现在学习越好，以后就越容易解决这个问题。这样，孩子就会知道，学习是一定要做的事，是逃避不了的事。有了这个想法，当孩子勇敢面对的时候，学习就没有那么难了。

◆**让孩子知道学习能获得幸福生活**

对于孩子而言，学习的过程就是掌握本领和技能的过程，理解能力、表达能力、观察能力、思考能力、自学能力、专注力、忍耐力等都会在这个过程中得以提升；学习的过程也是培养气质和修炼涵养的过程，有了这个过程，他将是一个充满人格魅力的人。

而当孩子通过学习获得各种能力的时候，他长大后自然会把这些能力应用于工作和生活之中，而且能力越强，工作的平台就越高，生活层面也会越开阔，事业上就会如鱼得水；同样，因为从小的学习而成为一个气质优雅、涵养丰富的人，他那充满魅力的人格会为他赢得友情、爱情和好的人缘。孩

孩子的懂事是**教**出来的

子拥有了世间一切美好的东西，他就不会抱怨生活，而是对生活心怀感激，他就会用充满阳光的心态去生活，他的生活就是愉快的、轻松的。这样一个人，谁能说他生活得不幸福！

总之，想让孩子主动地学习，就要让他明白学习是为了自己的前途和幸福生活，不是为了别人。当孩子知道了学习是自己的事情、是自己的责任、是实现理想的途径时，他自然就会主动学习了。

兴趣牵引，自觉学习

学习需要动力，动力来自兴趣。孩子在兴趣的带领下，主动探索周围的世界，了解宇宙万物的奥秘，并不断满足自己的求知欲和好奇心，在探索中丰富自己的人生体验。即使探索的过程十分辛劳、困难重重，他也会兴致勃勃、乐此不疲、勇往直前。所以，要让孩子自觉地学习，首先要激发孩子的学习兴趣。

◆降低学习难度

孩子不自觉学习，还有一个关键原因，就是孩子觉得学习太难，总是不能体验到成功的感觉。如果让孩子觉得学习并不难，兴趣自然就提高了。这就需要减少知识总量，降低学习难度。父母可以帮助孩子把学习过程中的大目标科学地细分成若干个切实可行的小目标，每实现一个小目标，就是一次"小成功"，孩子就会从中得到一次激励，这样就会在不断获得"小成功"的过程中一步一步地走向"大成功"。

这就如同登山，先是500米，再达到1000米、2000米……最终才能到达山顶，而不是一步就能跨到山顶。如果一下子把学习的目标定得太高，就像从山脚望向山顶，是那么的遥不可及，看着都害怕，怎么可能有信心去征服呢？所以，如果难度太大，孩子经过努力仍然学不会，失败几次之后就会失去继续努力的动力。理想的学习是"伸手够不着，跳起来正好"，就像孩子爬到400米时有一点累了，受到鼓励后依然可以努力一下爬到500米，这个500米就是一个合理的目标。然后，继续鼓励孩子向800米、1000米、2000米等挑战，让孩子不断尝到"小成功"，最终走向成功。

◆ 和孩子一起发掘学习的乐趣

据一项全国性的调查显示，目前我国大部分孩子不能体验到学习的乐趣，而是处于苦学的状态。孩子们的学习动力来自于对好成绩的追求，而不是兴趣。不能"乐学"，而是"苦学"，即使孩子考上了大学，完成了学业，也不会自觉地成为一个当今社会所需要的继续学习、终身学习的人。

学习充满着乐趣，只是这种乐趣是隐藏着的、深层次的，需要父母帮助孩子来挖掘并引导他去体会。

——引导孩子学会观察身边的点点滴滴，通过学习发现新的事物、美的事物。在不断地发现中，孩子很容易获得满足和快乐。

——父母放手，让孩子自己处理学习的事情，对自己的学习负责，这个过程中充满着快乐。这给了孩子一种责任感，当他第一次处理好自己的学习并获得父母的肯定与认可时，他既能体会到其中的不容易，但同时更在意努力过程中发生的各种有趣的事情和成功后的自豪感，以及这件事是由他自己独立完成的。

——在不断克服学习困难中体会快乐。真正的学习是对未知的探索。学习如同探险一般，既充满浪漫新奇的体验，也有意想不到的障碍。克服一次困难就如同进行一次探险，都会留下难忘的回忆，这种回忆不仅是学习的成

孩子的懂事是教出来的

果，更是快乐的源泉。

——激发潜能也能获得快乐。孩子的学习潜能是巨大的。当孩子为了一个目标而专注地努力时，整个身心都将充满愉悦和激情，这时潜能最容易被激发。如果能发掘自己从未察觉的潜能，取得一定的成绩，获得周围人的赞扬，孩子的成就感和骄傲感就会油然而生。

引导孩子"玩中学"

玩是孩子最感兴趣的事情，也是最开心的事情，孩子给大人的感觉就是玩不够。孩子喜欢"捉迷藏"，玩到天黑了，还不想回家；孩子爱玩电子游戏，玩起来什么都忘了。既然如此，我们为什么不能让孩子把"玩"与"学"结合起来，引导孩子在玩中学呢？让孩子在玩中学，他就会自始至终主动参与玩与学这个过程，学习的时间也许很长，但他丝毫不觉得苦，反倒像是在游戏。毫无疑问，这样的学习效果一定是很棒的，而且孩子的身心是愉悦的。但是，要做到让孩子在玩中学，就需要父母充分发挥自己的聪明才智，找到合适的方法，引导孩子在玩中获得知识与体验。

◆引导孩子认识"玩"和"学"的关系

不少父母总说，孩子爱玩，不爱学习。其实，孩子玩的过程就是学习的过程。孩子玩"躲猫猫"，是一种学习；玩电脑游戏，是一种学习；玩泥巴，也是一种学习。对孩子来说，"玩"在这个充满创造力的时代更加重要。

而如今许多父母不允许孩子玩，甚至使用暴力手段制止孩子玩，他们只问学习成绩。这样做使孩子在心里将玩和学习对立起来：越不让玩越想玩，甚至将玩想成一件奢侈的事情，于是就一边写作业一边玩，或者偷偷地玩。这样的情景父母看在眼里，于是火冒三丈，控制不住时还对孩子拳脚相加，造成孩子一边流泪一边学习的现象。试想，这样的"学习"能叫学习吗？这样"学习"能学好吗？如此下去，孩子会把每一次学习当作心灵和肉体遭受痛苦的过程，形成"学习—痛苦"这么一个神经链，即学习是一件苦差事，孩子害怕了，躲还来不及，怎么能主动去学习呢？

聪明的父母会帮助孩子正确认识什么是"玩"，什么是"学"，引导孩子把"玩"和"学"紧密地结合起来，鼓励孩子在"玩中学"，达到"玩学习"的境界，让孩子明白他不仅能痛痛快快地玩，而且能轻轻松松地学。这样一举两得的事情，孩子怎么能不接受！

◆ **引导孩子在大自然中玩和学**

大自然是孩子最好的"玩伴"，大自然中的一切都可以成为孩子的玩具，任何一种人为的玩具，都无法与自然的赐予相媲美。大自然中的水、泥土、沙子、石子、小动物、花草枝叶等，哪一个都比现在买的玩具有意义。水和沙没有固定的形状，孩子可以根据自己的意愿，创造各种形态、各种玩法，变幻莫测地玩，玩出无穷乐趣，并大大发展了想象力和创造力。小动物也是最能吸引孩子的伙伴，小动物给孩子的生命感觉是无穷尽的，它几乎全方位地帮助了孩子，让孩子学会了爱，懂得了照顾、责任，更重要的是让孩子拥有了生命中最奇妙的感觉和同自然融为一体的健康心理和人格状态。

在大自然中，孩子可以无拘无束地玩，活生生的事物胜过死板的文字，所以孩子能学到书本上无法学到的东西，而且能加深孩子对事物的认识，还能激发孩子对学习的兴趣，扩大孩子的视野，陶冶孩子的情感，丰富孩子的内心世界。父母要经常带孩子走进大自然，让孩子亲近芬芳的花草和生机勃

孩子的懂事是*教*出来的

勃的小动物，接触泥土水沙，呼吸清新的空气，感受大自然中奇妙的声音，激发孩子的想象力，培养孩子的创造力。孩子大一些的时候，父母要鼓励孩子和别的朋友一起参加各种各样的野外活动，如夏令营、野炊、郊游，这些都是很好的锻炼机会。

◆引导孩子在动手操作中玩和学

手指的运动可以刺激大脑的广大区域，而通过大脑的思维和眼睛的观察又可以不断改善手指动作的精细化程度，眼、手、脑的配合协调能够极大地促进幼儿的智力发展。所以，愿意经常动手的孩子往往比较聪明，他们的独立自主能力强，长大后通常有主见、判断力强、遇事果断、工作能力强；而那些不喜欢动手或凡事被父母包办的孩子，依赖性强，长大后往往缺乏个性、没有主见、办事能力低，遇到困难就退缩乃至悲观失望。

小孩子天生是动手的行家，只要给他们留出足够的空间，他们就能玩出无穷的花样。所以，父母要在孩子小的时候就鼓励他动手操作，比如把玩具拆了再装上、制作生日礼物、修理脚踏车、做一些实验等，这样不仅让孩子在玩中获得了身心的愉悦感受，还发展了孩子的智力，真正做到了"玩中学"。

◆引导孩子在各类游戏中玩和学

孩子玩的游戏多种多样，像猜谜语、编故事、图片配对等智力游戏，"当妈妈""开理发店"等角色游戏，搭积木、建造公园等结构游戏，拍皮球、跳绳、骑童车等体育游戏，都能让孩子玩得乐此不疲。玩游戏的过程中，孩子的注意力、记忆力、思考力等各种能力都能获得发展，游戏还能培养孩子的优良品质、规则意识、合作能力、竞争精神等，为孩子日后的健康成长具有良好影响。

尤其需要提醒父母的是，孩子的身体健康比什么都重要，所以在各类游戏中，父母一定要重视体育游戏对孩子的益处。体育游戏内容非常广泛，形式活泼有趣，符合孩子爱好活动的需要，不仅能增强孩子的体质，增进孩子的健康，还能提高孩子的中枢传导速度，增强孩子的记忆力，使孩子的思维更敏捷。

体育游戏很多，有以发展走、跑、跳、投、钻、爬、攀登、平衡等基本动作的活动性游戏，也有通过唱歌、跳舞、打击乐等游戏方式开展的音乐游戏，还有其他游戏形式。玩球、捉迷藏、投掷飞镖、跳绳、跳牛皮筋、滑滑板等，都是对孩子的成长非常有利的体育游戏。父母不能只注重孩子的营养，只强调孩子的成绩，还要鼓励孩子参与一些体育游戏和体育锻炼，帮助孩子长高长好，并学习一些重要的人生技能和良好品格。

玩，对于孩子的成长，就像维生素一样必不可少，是适合孩子人格健全发展的活动。孩子小的时候爱玩，孩子长大了同样爱玩，玩是一种永不过时的学习方法。只要父母能够把需要学习的知识融入玩中，并引导孩子科学地玩，孩子就一定能够在玩中有所收获。孩子大一些时，父母可以把玩中学的方法教给孩子，并引导孩子学会正确处理玩和学的关系，那么学习对于孩子来说就是一件轻松的事了。

掌握方法，轻松学习

许多孩子刻苦努力地学习，比别人花费了更多的时间和精力，但成绩总是差强人意，原因就是他们没有掌握科学的学习方法。而一些成绩优异的孩子却并不是那些终日刻苦攻读的"书呆子"，他们比其他同学更加注重游戏和玩乐，看起来也非常开心，这是因为他们掌握了学习方法，提高了学习效

孩子的懂事是 教 出来的

率。要想让孩子把学习当成一件快乐的事，轻轻松松地去学，并享受学习的过程，父母关键要从孩子的学习方法上下功夫，帮助孩子掌握适合自己的、科学的学习方法，使孩子真正觉得学习是一件轻松的事。

◆**让孩子知道方法很重要**

高效的学习方法就像一把锋利的斧子，是学习最有力的武器，能帮助孩子又快又好地在相同的时间内学习到更多的知识。如果不能掌握科学有效的学习方法，即使兴趣浓厚，信心饱满，动力强大，也只能做个"苦行僧"，即便成功，也不会很轻松。有了正确的学习方法，情况就不一样了，就可以轻松地学，快乐地学，成功也更容易。如果孩子不懂或不信，父母可以让孩子试一试，当孩子真正感觉到方法的神奇效用时，他就会重视方法，并主动寻找方法。

◆**教孩子学会预习、听讲、复习**

预习、听讲、复习是学习文化课过程中的必需环节，掌握正确的预习、听讲、复习方法，能够使学习事半功倍。

预习就是上课前的自学，也就是在老师讲课前，自己先独立地学习新课内容，使自己对新课有初步理解和掌握的过程。课前做好预习，就能方便在课堂学习时很好地抓住重点、难点知识，使课堂学习更有效率。比如，教孩子先把教科书看一遍，运用已有的知识和经验来理解书本知识，把不好理解的、不会的内容做好标记，以便在课堂上重点听老师讲解；还可以鼓励孩子试做一下课后习题，以此来检验预习效果。

听讲时，要教孩子必须专心致志，与老师的思路保持一致，认真听老师解决问题的方法与技巧，重点听那些自己在预习时有疑问的知识点，做好笔记；把自己在预习中的理解和老师讲解的相比较，如果有不一样的见解，可以标出来，以便课后探讨；对自己没有弄明白的知识点，应该及时地向老师提问。

复习能帮助孩子巩固课堂上所学到的知识，提高学习效果。父母应该教会孩子有效的复习方法，指导孩子有计划地跟着老师的教学进度复习，每天回家后把书或笔记再看一遍，回忆老师讲的内容，然后适当做几道题巩固一下。每周、每个月都应该有一个大的复习回顾。

◆**指导孩子合理安排学习内容**

研究表明，开始学习的头几分钟，一般效率较低，随后上升，15分钟后达到高峰。根据这一规律，可建议孩子先做一些较为容易的作业，在孩子注意力最为集中的时间再做较复杂的作业。此外，要指导孩子将不同的功课穿插开来学习，还可使口头作业与书写作业相互交替，使大脑各个部分轮流休息。比如，做完一项数学作业，接下来可以做历史作业；做完一项英语书写作业，可以背诵一会儿语文课文。这样可以减轻大脑疲劳，提高学习效率。

◆**引导孩子合理安排时间**

科学研究表明，人最佳的记忆时间是早晨和晚上临睡前。如果每天临睡前把一天所学的主要内容像过电影一样在脑子里过一遍，能很好地巩固记忆内容。头一天晚上记过的东西，第二天早晨若再记一遍，效果会更好。父母还可指导孩子把自己认为较难的功课放在记忆力最佳的时间去做，有利于提高学习效率。

◆**选择适合的学习方法**

每个孩子的具体学习情况不一样，父母需要根据孩子自身的特点选择最适合孩子的学习方法。"适合的才是最好的"，才能最有效地帮助孩子提高学习效率。比如，如果孩子讨厌学习，学习时注意力不集中，父母可以选择多感官学习法，让孩子在动手实践中充分调动全身感官的参与，如触觉、听觉、视觉、嗅觉、味觉等，让孩子的各种感官充分活跃起来，集中学习的注意力，提高学习自主性。又如，孩子总是死记硬背，效果不好，可以指导孩子在理解的基础进行记忆，帮助孩子巩固记忆效果。

◆教孩子学会劳逸结合

劳逸结合也是学习时要用的一种方法。学习效率的提高需要清醒敏捷的头脑，而长时间埋头于书本与习题之中，只能使大脑疲惫不堪。大脑得不到充分的休息，就会不活跃、不兴奋，半小时应该掌握的知识，就需要两小时。所以，父母就要教会孩子劳逸结合，提醒孩子做完一项事情，休息或娱乐一会儿，让一直处于高度紧张的大脑获得适当的放松，这样才能提高学习效率。

培养孩子的学习能力

学习是一种能力，是一种以快捷、简便、有效的方式获取准确知识、信息，并将它们转化为自身能力的本事。学习不仅仅是坐在学校的教室里听老师讲课、玩游戏，从中发展各种动作，获取乐趣，也是学习；出去旅游，领略自然风光和名胜古迹的壮美，同样是学习；长大后参加工作，每天工作本身也是一个学习的过程。可见，学习不仅是读书、听课、做题那么简单，它是一种提升素质的能力，是一种生存能力。

学习能力包括多个方面，如注意力、观察力、记忆力、思维力、想象力、创造力、理解力、语言表达、操作能力、运算能力、听视知觉能力等。要想提高学习能力，当然要在以上多个方面下足功夫，这些能力提高了，学习能力自然就会获得提高。

◆ "会学习"是一种能力

"会学习",无论是对于学生,还是对于迈入社会的人,都是一种能力的体现,而且是一种融汇着技巧、要领和习惯的综合能力。这种能力体现为:

——知道学什么。读书、思考是学习,观察、创造是学习,理解、领悟是学习,分析、总结是学习,对比、找差距是学习,沟通、交流是学习,动手实践也是学习,甚至是更重要的学习。"会学习"的人把生活中的一切信息与资源都当作学习的对象,所谓"处处留心皆学问"。

——知道从哪儿学,向谁学。书籍、报纸、杂志、网络等都是非常好的学习资源,向身边的长辈、老师、朋友等人学习,不仅可以增长知识,还能丰富经验,学习做人的智慧和道理;从挫折、失败和磨砺中学习,可以吸取教训,收获克服困难的精神与坚毅的个性品质;从成功中学习,可以体会学习过程中的乐趣和成就感带来的喜悦,变得更加自信。

——知道怎么学。"会学习"的人善于计划,会合理安排时间,做事懂得轻重缓急,知道用科学的方法提高学习效率。他们还重视良好习惯的养成,会树立终身学习的理念,并能持之以恒。

◆ 提高孩子的注意力

实践证明,那些作业马虎、粗枝大叶的孩子,注意力都不够集中;而能做到注意力集中的孩子,不但完成作业比较快,而且完成得准确率较高,学习起来比较省劲,成绩也比较好。父母可以有意识地训练孩子的注意力。比如,孩子做感兴趣的游戏时不要打扰、干涉孩子;给孩子讲故事时,不要照本宣科地读,要有表情或穿插些动作,吸引孩子的注意力;鼓励孩子做穿扣眼、玩拼图、做拼插手工等活动;要求孩子学习时坐姿端正,因为懒懒散散、东倒西歪的孩子是不可能专心学习的;教孩子学下围棋……这些都是从小锻炼孩子注意力的好方法。

◆**培养孩子的观察力**

人学习知识的过程，首先从观察开始，孩子也一样。孩子对于世界产生好奇，于是主动地去看、去听、去触摸，由观察产生兴趣，在兴趣中开始思索，从思索中学到知识，再由知识中加深对这个事物的了解……如此循环，在这个过程中学习知识并获得体验。

良好的观察力是孩子学习、生活、解决日常问题的基础。当孩子开始关注某个事物时，就是观察力教育的良好契机，父母应该抓住机会，尽早引导孩子在实践中学习观察。

◆**培养孩子的思维力**

思维是智力的核心，是考察一个人智力高低的主要标志。没有思维这一加工机器的运转，所有的信息原料都只能是一堆废物。思维能力强的人，善于独立思考，反应迅速，悟性极高，处事方法灵活，创造能力也强。然而，思维的本能并不等于思维的能力，任何一种能力的形成都是反复的技能性训练的结果，所以想要提高思维能力，就必须进行思维训练。幼儿时期是思维发展的关键时期，如果抓住这个时期使幼儿的思维能力得到良好开发，那将会使孩子终身受益。

父母要了解幼儿时期思维发展的特点，有针对性地培养孩子的思维能力，具体可以从形象思维、逻辑思维、多向思维、反向思维、创新思维等多个方面入手，多途径提高孩子的思维能力。

◆**增强孩子的记忆力**

孩子在成长的过程中需要通过各种途径获取大量的知识和信息，记忆力的强弱能够直接影响孩子的智力水平和学习成绩。记忆力和其他各种能力一样，也是可以经过后天的训练来增强的。幼儿时期是记忆力训练的最佳时期，只要训练方法得当，就一定会收到满意的效果。

　　心理学家通过实验发现，人在学习过程中，遗忘是必然的，而且是有科学规律可循的。遗忘的进程很快，并且先快后慢。而且，随着时间的推移，遗忘的速度逐渐减慢，遗忘的数量也就减少。一般而言，记住后，5分钟后重复一遍，20分钟后再重复一遍，1小时后、12小时后、1天后、2天后、5天后、8天后各重复一遍，14天后就会记得很牢。了解了遗忘规律，父母就可以科学地指导孩子及时复习，帮助孩子增进记忆，避免或者减少遗忘。孩子懂得了这个规律，还可以增强记忆信心。

　　之外，帮助孩子找到最佳记忆时间，教孩子掌握科学的记忆方法，都会使孩子的记忆收到事半功倍的效果。

　　当然，强大的学习能力还需要其他许多能力的支持，父母可以将各种能力的培养融入日常生活之中，对孩子随时随地进行教育，孩子的学习能力就会一天天增强。

巧妙激励，让孩子主动学习

◆赞扬与欣赏孩子

　　孩子在学习过程中肯定有许多做得不错的地方，这就是给予孩子赞扬的机会。只要孩子的表现值得认可和肯定，哪怕只是微小的进步，父母就不要吝啬你的赞扬与夸奖，因为你的肯定会让孩子获得更大的自信，也会激励孩子主动学习。

　　——关注孩子每一天的学习内容和学习过程，而不要只关心每次考试的分数，尽力使孩子每天的学习富有吸引力与成就感，孩子就会在快乐中度过

孩子的懂事是**教**出来的

每一天。晚上睡觉前，父母可以和孩子一起看看当天的学习目标是否达成，如果达成，就要表扬孩子，让孩子体会成就感，并鼓励他继续努力。父母还可以鼓励孩子将学校有趣的事说出来，孩子在回味中能感受到每天的学习生活充满色彩，具有吸引力，孩子就会更加喜欢上学。

——引导孩子在学习过程中不断达到阶段性的目标，形成一个动力十足的、持久的学习过程。在这个过程中，孩子每达到一个目标，父母都要对孩子的成绩给予肯定，这样孩子就会经常处于一个被认可的环境之中，他的学习热情始终都会是饱满的。如果孩子真的努力了，可还是没有达到目标，这时父母同样不要吝啬您的夸奖。但需要注意的是，这时的夸奖要具体，如"妈妈看到了你实实在在的努力，虽然没能达到目标，但你仍然进步了，妈妈也觉得很高兴，妈妈相信你下次会比这次做得更好。"

——共同欣赏孩子的学习成果，能激发孩子更高层次的成功欲望。孩子通过自己的努力获得了成功或成果，如果父母这时认为目标已经达到，没有必要再关注孩子的感受，孩子期待父母肯定的愿望就会落空，也就体会不到成功的意义。所以，父母要有意识地把孩子的胜利成果展示在家里的一个地方，并与孩子一起欣赏，或让别人一同欣赏。在孩子心里，妈妈把他的作品或成果展示出来，也就是对他努力的过程给予了肯定，为了体验更多的成功感，他就会追求更高层次的成功，这样就会形成一个良性循环，不断地激励和鞭策孩子继续努力。

◆ **用学习行为激励孩子**

孩子读书、写作业，父母也在一旁学习，这样做的作用不仅仅是监督，也不一定是要给孩子做辅导，而是能够使孩子受到激励，让孩子在父母爱的关怀中学习，这比请家教的效果好很多倍。父母完全可以在一旁看书、看报纸，甚至是忙自己的工作，这样孩子看到妈妈都在学习，自己也就会静下心来专心学习了。

当然，当孩子在学习中遇到困难时，陪在一旁的父母一定要帮他，也一定能帮他，这个"能"不一定是有能力帮助孩子解出习题答案，更重要的是引导孩子将一时烦躁的心平静下来，给孩子增加自信，振奋孩子的精神，帮助他继续挑战困难。

◆教孩子学会"自我归因"

孩子在学习中总会遇到各种各样的问题和困难，但是孩子年龄小，无法通过自我调节而走出心灵的困境，这时就需要父母协助查找原因，解决问题，激励孩子调整心态、振奋精神，战胜眼前的困难，向着下一个目标前进。随着孩子慢慢长大，父母就要教孩子学会自己查找原因并及时进行自我调节。孩子在学习中受挫的原因往往有很多种，父母要帮助他学会"自我归因"。

如果孩子只是因为一段时期学习成绩不理想而一蹶不振的话，父母就要教会他弄清楚原因，是学习方法不科学，还是努力程度不够，还是没有合理利用时间，还是身体状况不佳，或者是其他什么因素。只要找到原因，并鼓励孩子以此为突破口，努力前进，他就会因有了明确的改进目标而不再颓废。

如果孩子是因为和他人比较而感到自卑的话，父母不妨让孩子用放大镜找出自己的优势，孩子就会惊喜地发现，原来自己不比别人差。另外，要教孩子少与别人比，多与自己比较，就是自己今天一定要比昨天进步一点，明天一定要比今天做得更好，这样孩子也就有了一个明确的目标，每天就会进步一点点。

如果孩子是因为受到了老师的批评而情绪不佳，父母就要教育孩子正确对待老师的批评，可以这样告诉孩子，"你学习不好或者做得不对，老师完

孩子的懂事是**教**出来的

全可以不说你，老师也不会有任何损失。老师批评你，是对你的负责，是希望你做得更好，和爸爸妈妈有时批评你的目的是一样的。所以，你要理解老师的用心良苦，好好学习，才不会辜负老师的一片心意。"

总之，只有帮助孩子找到消极懈怠的真正原因，父母的激励才能起到作用，孩子才能继续主动学习。

激励孩子主动学习的方法还有很多，父母可以选择最适合他的方法来激励他。比如，可以给孩子树立一个他喜欢的名人榜样，有意识地引导孩子学习名人身上的意志力、优秀品质、学识和才华，让孩子朝着名人的方向和高度努力；有的孩子喜欢阅读，就可以送给他一本励志书籍，让主人公积极向上的精神感染他，以此受到鼓舞；如果觉得用语言无法表达或表达能力不是很好时，可以给孩子写封信，用信函的形式激励他；如果爸爸很会讲笑话，也可以用幽默的方式来激发孩子学习的信心。多了解自己的孩子，我们就会拿出最适合的方法来增强他学习的积极性，让孩子主动学习。

【父母功夫】
孩子的成长比成绩更重要

孩子不爱学习，甚至憎恨学习，最大的原因在于父母太过看重孩子的成绩，导致孩子考试紧张，总害怕自己的成绩不理想，从而不能发挥正常水平，最终真的不能取得好的成绩；孩子没考好，父母又加以训斥，使孩子更加害怕考试成绩出来的那一刻，所以不能正确对待考试，下一次还是考不好。这样的恶性循环会让孩子越来越厌恶学习，同时不利于孩子健全人格和良好心态的培养。

其实，对于孩子来说，成人比成功重要，成长比成绩重要，经历比名次重要。家庭教育的核心首先应该是让孩子健康快乐地成长，然后才是成绩、成才、成功。孩子少年时期健全人格的培养正是他们在未来的竞争中立于不败之地的有力保证。父母只重视孩子的学习成绩，却忽视孩子成长过程中健全人格的培养，是一种本末倒置的行为，对孩子未来的发展是极其不利的。

父母首先要从思想上认识到孩子的成长比成绩更重要，然后把这个观念付诸日常生活的行动中，让孩子能很明确地感受到你的观念：

——孩子每天放学回家，让他听到的第一句话不是"今天考得怎么样"或"赶紧去写作业"，而是"你看起来很愉快，有什么高兴的事，说来听听"或"你今天过得快乐吗"或"学校有什么有趣的事情，讲给我听"，这样能使孩子感受到父母的关爱，孩子紧绷了一天的神经就会放松下来，也便于他完成当天的家庭作业。

——面对孩子的考试成绩，注意约束自己的言行。考得好，当然要给予孩子鼓励。考得不理想，也不要急躁，控制自己的情绪，允许孩子说出自己的理由，了解孩子内心的真实感受，帮助孩子找到失利的原因，告诉孩子妈妈相信他下一次一定能改掉粗心大意的毛病。事实上，孩子没考好，自己心里也很内疚，如果父母再打骂，很容易引起孩子的逆反心理，使孩子更加讨厌学习、害怕考试。如果父母用温和的态度对待孩子，反而能激发孩子努力学习的欲望。

——周末、节假日一定要带孩子走出家门，外出游玩。许多孩子的周末被各种各样的培训班塞得满满的，节假日也要关在家里完成老师和父母布置的作业，这会给孩子的心理带来很大负担。带孩子出去游玩，孩子就会知道，自己除了学习，还是有时间和机会放松的，同时也能感受到父母不只关心自己的学习与成绩，同样关心自己是否玩得快乐、是否健康成长。这样，孩子学习时就能安心，玩也能玩得痛快。

当孩子真正从内心中感受到父母重视他的快乐程度胜过关心他的成绩

孩子的懂事是 教 出来的

时，即使心情不好，也会一下子烟消云散，心里顿时热乎乎、甜丝丝的。孩子心情好，干什么事情都是乐意的，学习当然也是快乐的。所以，父母应该时时关注孩子的生命状态是否舒展。孩子心情愉悦，就会快乐而轻松地飞，否则只能痛苦而缓慢地爬。如果孩子的每一天都能在快乐中度过，那么他热爱学习并取得好成绩就是必然的，所谓"有好过程不愁没有好结果"。

第5章　懂事的孩子自信坚毅

让孩子知道自己是独一无二的

每个孩子从一出生开始，就是一个独一无二的个体，没有任何人可以取代他，他应该为此感到自豪、自信。有的孩子不自信，就是不能够正确地认识自己，往往用自己的短处与别人的长处比，越比越没有底气，越来越自卑。要培养一个自信的孩子，父母首先要帮助孩子客观地、实事求是地认识自己、评价自己，清醒地了解自己的优势与不足，教会孩子取长补短。具体来说，父母可以从以下几个方面教孩子认识自己。

◆ "没有人能代替我"

世界上没有两个完全相同的人，即使是双胞胎，他们之间也是有差别的。所以我们说，每个人都是独一无二的。教孩子相信自己是独一无二的，其实是给孩子传递了一种自信的观念。自信是一种可贵的品质，是一种生活态度。自信是一种强大的力量，当我们怀疑自己的能力时，我们就会被自卑所打倒，觉得自己样样不如别人、生活暗淡无光，最终也将一事无成；而当我们建立了自信时，我们就会变得乐观、豁达，内心随之强大，觉得没有什么事情是自己做不成的，从而生活也变得美好了。

无论做什么事情，都要教孩子相信自己一定能够做到，教孩子抱着"舍我其谁"的信念去做，教孩子大声喊出"没有人能代替我""天生我材必有用"，以此来激励自己，使自己拥有一颗自强不息、积极向上的心。

◆ "我的优点很多"

自卑的孩子，往往看不到自己的优点和长处，眼睛只盯着别人的优势，

孩子的懂事是 教 出来的

无论是做事情，还是和别人交流，都会让自己陷入不利的境地，这对于孩子的成长是相当不利的。父母要让孩子清晰地认识到自己的优点和长处，帮助孩子从小树立自信，这是很重要的。

如果孩子因为自己的长相而烦恼，不妨告诉孩子，强大的本领和美好的心灵才是大家最看重的，同时引导孩子发现自己在能力方面的优点，增强孩子的自信。比如，让孩子知道他的观察力很强，他跑得很快，他有领导能力，他会处理同伴间的冲突，他的作文写得好，他懂得尊老爱幼……这样孩子就会觉得自己也有很多优点，并不比别人差，如果用自己的长处和别人的短处比，也一定能够胜出。同时，要在生活中不断强化孩子表现出来的优势，使它们真正能够发展为孩子的一种能力。

◆ "我也有不足"

不能正确认识自己，表现在两个方面，一是自卑，一是太自信。孩子太自信，就会觉得自己什么都行，往往看不到自己的短处，一旦受到挫折就会产生极大的情绪波动。在教育孩子认识自己的不足时，让他欣赏他人的优点是一个好办法，既不打击孩子的自信心，也能让孩子认识到"人外人有"。比如，多让孩子观看电视中有关少儿类的比赛节目，欣赏小选手的胆量；让孩子和小伙伴多玩比赛类游戏，欣赏小伙伴的机智；让孩子多参加集体游戏，欣赏同伴处理问题的能力；让孩子与学习好的同学交往，欣赏同学的高效率学习方法……这些欣赏他人的方法，比直接指出孩子的不足更能让孩子认识到自己的不足。

认识了自己的不足，孩子才能扬长补短，向优秀者学习，不断进步，这才真正起到了激励和鞭策的作用，使孩子更上一层楼，更加自信。

◆ "接纳不完美的我"

俗话说，金无足赤，人无完人。世界上，没有哪一个人是完美的。有的人没有漂亮的外表,有的人长得不高,有的人没有聪明的脑袋,有的人生来就口吃,有的人天生疾病缠身,有的人喜欢嫉妒别人,有的人胆小怕事,有的人爱慕虚荣……只要是人,他身上就会或多或少地存在这样或那样的缺点、缺陷或缺憾。然而这些"瑕疵"中,有的是不能改变的,有的是可以通过努力改变的,只要能够正确认识这些"瑕疵",坦然面对不完美的自己,并欣然接受不完美的自己,就能乐观自信地生活。

同时,父母要引导孩子懂得,通过自己的努力可以让不完美的地方变得相对好起来,一定要去争取,如体育不好可以加强锻炼、学习不好可以通过改变方法和勤奋努力取得好成绩、画画得不好可以勤加练习等,让孩子变得更加优秀。

◆ "张扬我的个性"

俗话说"好酒不怕巷子深",那是在过去的年代,人少酒少才形成的认识。时过境迁,在如今这个竞争激烈、人才济济的社会,我们说"好酒也怕巷子深",如果你不吆喝,大家怎么知道你的酒香。所以,让孩子拿着放大镜找出自己的优点后,还要鼓励孩子大胆地展示自己的优势,如会唱歌就通过表演把自己最优秀的一面自信地展现出来,充分张扬个性,这样就会赢得掌声,大大增强自信心,使孩子更加欣赏自己、更加喜欢自己。

告诉孩子"你能行"

"你能行",只有三个字,却承载着对孩子极大的信任,也让孩子感觉到了这份沉甸甸的责任。孩子正处于"初生牛犊不怕虎"的时期,对什么事情都充满了兴趣,都想去探个究竟,如果对孩子说"你能行",孩子一般不会辜负父母的信任，而是会用责任来监督自己把事情做好。所以，早点告诉孩子"你能行"，孩子就会还父母一个"我能行"。

◆不给孩子贴"笨"的标签

孩子的心灵是脆弱的，他希望得到父母的支持和理解，每一句鼓励的话语都会使他信心百倍。但是，一句粗暴的呵斥"你真笨"，足可以使他的尊严受到极大的伤害。轻易地否定孩子，对他的能力表示怀疑，这是非常可怕的，也许孩子从此就认为自己是一个笨孩子。孩子有了这样的心理，他就会按照这个标准去发展：遇到难题，他会对自己说"我笨，我解不出来"；老师给他机会，让他上台演讲，他会对自己说"我笨，我不行"；同学请他一起跳皮筋，他会对自己说"我笨，我不如他"。要是真的到了这种境地，那么父母的过错可就太大了，那就是自己毁了自己的孩子。所以，从孩子出生的那一刻起，就不要指责孩子笨，否则不笨的孩子在这样的训斥下也变笨了。

◆多跟孩子说鼓励的话

父母的鼓励对于孩子来说非常宝贵，它能让孩子心里暖暖的，能让孩子觉得"我不笨，我有用"，这就等于在孩子前进航船的风帆上加了一阵顺风，促使他成长得更快、更好！

当孩子遇到困难时，妈妈可以这样对孩子说："孩子，你能行，让我们再试一试！""孩子，不要急，让我来帮助你。""孩子，再想一想，一定会有办法的。"孩子就会学着克服困难，再遇到困难时，他就会独立面对。

知道孩子考试分数不够理想后，妈妈应该这样说："孩子，你进步很快，我真为你高兴。""如果你继续努力的话，下次数学考试一定会跟语文一样好！""这次没有考好没关系，我们下次努力。"孩子就会带着信任继续加油，下次交给妈妈一份满意的答卷。

所以，想让孩子自信，要经常对孩子说"你能行"，孩子就会朝着"我能行"的方向发展。

◆多强调孩子的小成功

自信心与成功的体验是相辅相成的，有了自信心，就容易获得成功。对孩子来说，更重要的还是先体验到成功感，才容易形成自信心。日常生活中，父母要有意识地让孩子做一些易于完成的事，使孩子有获得成功的机会，成功后再循序渐进地提出新的目标，使孩子经常能体验到成功的喜悦。

不仅如此，父母还要经常强调孩子之前获得的成功，尤其是对于那些胆小怯懦的孩子，父母更要强调孩子的成绩，必要时给予乃至夸张的表扬和鼓励，让孩子时时处于信心十足的状态。当孩子遇到困难显得信心不足时，不要责备他，"你肯定行""别人行，你也行"这样空洞的鼓励也不见得能起多大的作用，但是列举孩子过去解决各类问题的成功经历却能起到激励的效果。比如，"你上次考试得了满分""在你们班，你唱的歌最好听""你上个星期五帮助妈妈修好了钟表"……这些都能激发孩子的自信心。其实，强调孩子的小成功，就是在无声地告诉孩子"你能行"。

◆不拿孩子和别人比

"你看人家小明多聪明，总是考全班第一名，你怎么就不行。"或者孩子兴冲冲地说"我考了90分"，而妈妈说"小明考了98分"。这样的话，相信大多数家长都说过。孩子这时虽然不说话，但心里却在想，"小明总比我强，妈妈是不是喜欢小明，不喜欢我"，孩子还可能因此憎恨小明，同时让孩子自信心受挫，这就是比较带来的后果。所以，父母千万不要拿孩子和别人比，而是要看到孩子的点滴进步，用孩子今天的进步和昨天相比，用孩子这次的成绩和上次的相比，哪怕只多了1分，也要表扬孩子的进步，让孩子知道只要不断努力，就能进步，他就是一个值得自豪的孩子。当孩子遇到

孩子的懂事是**教**出来的

挫折或失败时，父母更应该像知心朋友一样关心孩子，当孩子说"我不行"时，对孩子说"我不相信你不行"，这也向孩子传达了"你能行"的信息，孩子就会用"我能行"的标准要求自己，从而达到自己的目标。

当然，在告诉孩子"你能行"的同时，要让孩子知道自信不是自负，不是毫无根据的自以为是和盲目乐观，不是孤芳自赏，也不是夜郎自大，更不是得意忘形，让孩子清醒而理智地认识自己的优势和弱点，并且能够做到扬长避短。既不妄自菲薄又不狂妄自大，这才是真正的自信。

经历过挫折，成长得才快

现在的孩子大多生活在优厚的物质环境和家长的保护圈中，父母宁愿自己去经受磨难，也要为孩子设计充满笑脸和鲜花的明天。但是，家长铺就的道路再平坦，也得孩子自己去走，这个过程中总要与人和事打交道，碰到失败和挫折是难免的。如果孩子从小没吃过苦，不知道如何应对失败和挫折，他的心理承受能力就会很弱，即使在别人看来是很小的一次失败，对他来说则可能是一次不小的打击，会使他沉湎于挫折带来的伤痛中，自怨自艾，从此一蹶不振，丧失对生活的热情和信心。其实，挫折是人生的一大财富，它可以铸造孩子的坚强意志，教给孩子学会用感激的心情和积极的态度对待一切问题，并勇敢地参与社会竞争。幼儿期是个性形成的关键期，对孩子进行适当的挫折教育，可以提高他的抗挫能力，使孩子获得受用一生的心理素质：不怕挫折，敢于面对挑战！

◆**生活小事是挫折教育的良机**

事实上，孩子在日常生活中经常会遇到一些小挫折，它们看似是小事，却是父母对孩子进行挫折教育的良机。比如，孩子走路摔倒了，腿磕破了，是小挫折；舞蹈班里，别人被选去参赛，自己失去资格，是小挫折；考试失利，从第5名滑落到第10名，是小挫折；课堂上被老师批评，自尊心受伤，是小挫折；和好友翻脸，失去友情，是小挫折；竞选班干部落选，或者班干部当到中途被老师换掉，是小挫折……如果父母能抓住这些机会，对孩子进行正确的引导和教育，鼓励孩子战胜挫折，那么孩子每战胜一次挫折，他的抗挫折能力就会增加一分。

在引导孩子战胜挫折时，父母关键要做的是帮助孩子了解受挫的原因，找到应付的对策，争取下一次不再在同一个问题上受挫，而不是用语言哄孩子开心。比如，孩子刚学走路时不小心摔倒了，有些妈妈会马上跑过去扶起孩子，并心疼地说："都怪这地面不好，把我们宝宝绊了一跤。"随之用手拍打地面。这种做法只会让孩子把跌跤归于外因，使孩子不能正确面对挫折。这时，妈妈应该告诉孩子的是，"不要急，慢慢走，走路要注意地面，避免下次再摔倒"，这样做可以让孩子知道自己摔倒了是因为自己的不小心或心太急，而不是因为地面不好。这实际上就是对孩子进行了一次挫折教育。

又如，改选课代表时没有继续当选，孩子可能会垂头丧气，很生气地说："老师偏心，那个女生朗读根本没有我好，我以后再也不当那破干部了。"孩子有这样的表现，说明他没有认识到自己的不足，还一味地怪别人，此时爸爸就要和孩子一起分析失败的原因，而且要多从自身找原因，并鼓励孩子向当选的课代表学习，争取一下次当选。这又是一次挫折教育。

只要能把生活中的每一次不开心都当成一次挫折教育的机会，引导孩子积极归因，主动应对，久而久之，孩子将会把生活中的挫折看得很淡，再遇到较大的挫折时，他也能以平常心对待，自己调节情绪，勇敢地面对挫折，并乐观地迎接明天。

◆**有意识地进行情境磨炼**

为了提高孩子的挫折承受力，父母还可以有意识地创设挫折情境，磨炼孩子的意志，让孩子在各种活动中认识挫折、战胜挫折。苏格拉底让打破玻璃的孩子独自待在那个破玻璃的房间，让他体验寒冷、孤独，使他发现自己的错误继而改正。

父母可以根据孩子的心理发展特点和教育的需要，有计划地设计"适度"和"适量"的挫折情境，提出某种难题，设置一些困难，或教给孩子一些有难度的任务，要求孩子克服困难、完成任务，进行加强意志、魄力和挫折排解力的训练，最终使孩子能经受住任何残酷的打击，使孩子得到锻炼。比如，有意识地把孩子喜欢的玩具藏起来，让他自己去寻找；让孩子去邻居家借某样东西，告诉他妈妈等着用，要求他快去快回；妈妈可以故意出门，让孩子一个人当家一天；带孩子去逛街，然后让他自己坐公交车回家；孩子不敢走平衡木，妈妈故意带他去走，鼓励孩子去走"勇敢者"的道路；游戏活动中，不一定每次都要让孩子胜利，也不一定每次都要他当主角；鼓励孩子主动与同伴交往，学习同伴积极处理问题的方式；支持孩子参加学校组织的军训、义务劳动，节假日带孩子徒步郊游、爬山；鼓励孩子进行体能上的锻炼，如冬季坚持长跑等，支持孩子参加夏令营等活动。这些都能让孩子体会受挫折的感觉，使孩子的毅力与耐心得到考验与锻炼，从而学会自我调节，提高克服困难、战胜挫折的能力。

当然，做这些事情之前，父母一定要提醒孩子注意安全等事项，考虑好各种突发情况，给孩子讲明应对措施，确保孩子的安全。同时，设置挫折要考虑孩子的年龄特点、认知情况和心理承受能力，把握好情境的"难度"

和"强度",让孩子体验适当的挫折,而不是一下子把孩子抛到万丈深渊,否则孩子体验到的不是"战胜挫折的成就感",而是"彻底的绝望",从而丧失自信,就像我们不会把一个新生儿放到野外的恶劣环境中让他经受风吹雨打、不会让一个3岁的孩子书写笔画复杂的汉字和拼500块的拼图一样。

之外,设置挫折也要注意孩子的个性特点。对于特别内向的孩子,还是要以鼓励教育为主;对于性格外向、骄傲自满的孩子,家长可以给予适当的批评教育,但绝对不能为了培养孩子坚强的个性而经常打压他,这种做法有时会适得其反。人为挫折情境具有预防性和针对性,能弥补自然挫折情境的不足,只要把握好分寸,就能收到良好的效果。

对孩子进行挫折教育,当然少不了心理疏导,让孩子知道生活中回避不了挫折,要学会自我调节,乐观地面对挫折。这部分内容在"懂事的孩子乐观向上"一章"教孩子坦然面对挫折"中有详细阐述,在此不再赘述。

"宝剑锋从磨砺出,梅花香自苦寒来",挫折教育不是一朝一夕的事情,也不是仅靠几件事情就能见效的,应该在生活的各个方面有意识地进行,该做的事情让孩子去做,该动的脑子让孩子去动,该碰的钉子让孩子去碰,该走的弯路让孩子去走,该受的苦让孩子去受,坚持不懈地培养孩子的抗挫折能力,最终使孩子拥有强劲的翅膀,能在人生的天空里自由翱翔。

孩子的懂事是 教 出来的

训练孩子把一件事情坚持做下去

孩子做事三分钟热度，弹两天钢琴就不想弹了，却想着去学素描；信誓旦旦地坚持跑步，跑了两天就不跑了；制订了学习计划，执行了两天就不再执行了。相信像这样的事做父母的都遇到过。孩子为什么总是浅尝辄止、半途而废，原因就在于孩子缺乏坚持性，毅力不够，意志不坚定，不能很好地控制自己。

人生其实就是在长期考验我们的毅力，唯有那些能够坚持不懈的人，才能得到最大的奖赏。想培养孩子坚毅的性格，就从小培养孩子的坚持性，让孩子把一件事情坚持做下去，这是最基本的着手点。

◆ 教孩子牢记目标

做事没有目标，一会儿做这个，一会儿又做那个，结果力气消耗完了，却一件都没做好。所以，做事之前，让孩子明确自己要做什么，要做到什么程度，有毅力的孩子就会坚持完成这个目标。

比如，孩子搭积木前，可以引导孩子说出自己想搭成一个什么形状，想搭成一座城堡的话，就要在心中记住城堡的样子，并向着城堡努力；孩子想买一件心仪的玩具，那么就鼓励他坚持攒钱，直到成功买回玩具；新的学期开始了，和孩子一起制定一个目标——进入全班前5名，那么就要让孩子把这个目标牢牢记住，鼓励孩子朝着目标前进。有了目标，孩子就产生了坚持的动力，有利于孩子把一件事情坚持做完。

◆帮孩子分解目标

有了目标并记住目标,孩子也不见得能坚持下去,因为目标有时太大会让孩子产生畏难情绪。所以,设置好目标后,父母还要帮助孩子将目标层层分解,从小目标入手,指导孩子逐步完成。小目标就是孩子稍加努力即可完成的目标。比如,这次画画坚持了3分钟,那么鼓励孩子再坚持1分钟,这是能够实现的。慢慢地,每次坚持的时间稍延长一点,孩子逐渐会养成坚持的习惯。

需要注意的是,小目标的设置也不要让孩子觉得太远、太难,让他在实现每次的小目标后,体会到"我坚持到了,我成功了"的兴奋之情,树立"我能坚持住"的自信心,形成"我要坚持"的信念。

◆教孩子一些技能技巧

我们经常会发现,孩子做事前知道自己要干什么,但有时同样不能坚持把一件事做到底。这里有一个很重要的原因,就是孩子由于缺少一定的技能技巧,遇到困难无力自己克服,只好放弃。比如,孩子本来很想用插片插一架照相机,但完成后总不像照相机,这时孩子就不愿意再插了。因此,父母除了经常不断丰富孩子的一些基本知识外,还要教给他一定的技能技巧。比如,指导孩子怎样画吃竹子的小熊猫,怎样用积木搭军舰,怎样玩"开商店"的游戏,怎样把娃娃家、玩具柜整理整齐等。这样,孩子掌握了从事某些活动必要的技能技巧,碰到困难时就能主动克服,他就能坚持把这件事做下去,同时又能体验到克服困难后的满足感和快乐感,下一次再进行这项活动以至其他活动时,孩子就不会半途而废,而会努力把事情进行到底。

◆让孩子做感兴趣的事

孩子对于自己感兴趣的事,一般愿意坚持,同时也会在不知不觉中坚持。比如,孩子喜欢动手拆装各类玩具,又拆又装的过程中表现出高度的注

孩子的懂事是 教 出来的

意力，也能坚持较长的时间，家长就可以为孩子提供一些拆装方便的物品，让孩子尽情地玩；或者和孩子一起在花盆里种一粒有生命萌芽的种子，促使他在兴趣中坚持长期观察与爱护种子。这样的活动，孩子感兴趣，可以让孩子无意识地延长坚持的时间，养成坚持的习惯。

游戏也是孩子感兴趣的事，父母可以和孩子一起玩"老猫小猫抓老鼠""过家家"等游戏，孩子容易在游戏情境中把自己当成现实中的角色，也愿意坚持较长的时间。趣味游戏孩子也特别喜欢。例如，"我是雕像"就是一个特别适合家长和孩子一起玩的趣味游戏。爸爸发指令，妈妈和孩子一起做游戏。游戏开始前，孩子和妈妈可以自由活动，当发出"我是雕像"的口令后，必须像雕像那样定住一动不动，雕像的姿势可以各种各样，可以是各种人物的定格动作，也可以是鸡、鸭、兔、羊、马、鱼、小鸟、兔等各种动物的定格动作。如果谁先动了，谁就被换下。玩这种游戏，孩子能在快乐中坚持，既愉悦了身心，还锻炼了坚持性。

当然，游戏前最好能和孩子定下规矩：玩完后孩子必须收拾玩具，讲完故事的书也由孩子放到书架上……否则会有一定的惩罚。当然，刚开始时，妈妈可以和孩子一起收拾玩具，慢慢地再让孩子自己收拾，这个过程是不可省略的。孩子收拾完以后，妈妈要夸孩子收拾得整齐、迅速，鼓励孩子下一次做得更好。这样做培养了孩子做事有始有终的好习惯。

培养孩子的坚持性是一项长期而艰巨的任务，尤其是当孩子处于幼儿时期时，父母要在孩子处于好动、好奇、可塑性高的时期，在有准备的教育环境里对孩子进行坚持性的培养与训练，为他们未来的发展奠定一个良好的基础。

困难面前，不能畏缩

孩子成长的道路上，困难处处都有，小到衣服扣子扣不好、鞋带总是跟他过不去、做作业遇到难题，大到高考前紧张焦虑、工作中遇到"拦路虎"、碰到自己心仪的对象不知如何追求等。在这些困难面前，孩子也许会表现出畏惧、退缩，不愿意主动去尝试，甚至不能表达自己的想法和观点。毋庸置疑，这样的孩子不敢面对困难，更不能去战胜困难。

面对孩子的怯懦，做父母的千万不能大声指责、嘲笑孩子，更不能给孩子扣上"胆小鬼"的帽子，否则会让孩子已经充满困惑和疑虑的内心感到更加恐惧。此时，父母的职责是帮助孩子克服恐惧心理，让孩子以积极平和的心态面对困难，并鼓励孩子勇敢地战胜困难。

◆**教育孩子认识困难**

早在2000多年前，孟子就说过："天将降大任于斯人也，必先苦其心志，劳其筋骨，饿其体肤，空乏其身……"这话之所以被千古传诵，就是因为它揭示了人才成长的规律：敢于面对困难、勇于战胜困难、能够经受住挫折与磨难的人，才会有大作为。所以，第一，父母要让孩子知道，人生不仅有快乐，而且还有困难、痛苦和死亡，让孩子从小就知道有一个叫"困难"的概念，不至于在困难来临时手足无措。第二，要告诉孩子，一个人能否取得成功，关键要看他如何面对困难，如果能够正视困难，敢于挑战，再大的困难都只是"纸老虎"；如果害怕困难，那么哪怕是仅仅需要一迈脚就

孩子的懂事是教出来的

能跨过去的沟坎,也会成为"真老虎"。第三,让孩子明白,困难的来临并不是一件坏事,它是来检验我们的知识和能力的,所以也是我们大显身手展示自己本领的时候,教孩子把解决困难当成挑战自我的舞台,孩子就能勇于战胜困难。第四,用一些名人通过克服困难取得成功的故事激励孩子,或者把自己如何面对困难和挑战困难的故事告诉孩子,让孩子知道没有人能随随便便成功,成功来自不断地克服困难。比如,我们今天用的电灯,是发明家爱迪生经历了上千次实验才研制成功的。

◆引导孩子勇敢尝试

我们的耳边常常能听到这样一些负面信息:我肯定不能通过这次考试;别想了,想也是白想;山那么高,我怎么能爬到顶……一些孩子遇到困难时,一般都会这么想,从而停止前进的脚步,这首先从心理上输给了困难。这时,父母要让孩子知道,无论是什么困难,都要先去尝试一下,不试怎么知道自己不行,试一下,如果真的不能解决,再去想其他办法。如果连试一下的勇气都没有,那么也就失去了挑战困难的机会,至于拼搏,就更与他无关了。

其实,人生就像我们蹒跚学步的时候一样,每一次尝试、每跨出一步都是一种改变,都是一种新感觉,都会有一种意外的收获和喜悦。不去尝试,就永远没有获得享受喜悦的机会。俗话说"穷人的孩子早当家",能"早当家",无非就是他尝试的机会比别人多,因此学到的东西也就多。有时候,在困难面前,孩子往往不是没有克服困难的办法,缺少的恰恰是克服困难的勇气。只要大胆地试一试,也许只要一迈脚,就可以跨过去,而退缩的人,却总也走不到困难的另一边。

激励孩子尝试时,可以让孩子想象自己具有顽强的意志,一定可以战胜困难。大量事实证明,想象自己有顽强意志一样地去行动,有助于使自己成为一个具有顽强意志力的人。所以，在困难面前，让孩子想象自己具有顽强的意志，这将有利于孩子勇敢地迈出第一步，进而克服困难。

◆ **鼓励孩子放手一搏**

爱拼才会赢，这话一点不错。当代保尔张海迪、《千手观音》领舞者邰丽华、失去双臂的中国达人秀冠军刘伟……如果他们在困难面前退缩了，怎么可能成就今天的辉煌！他们凭着不服输、百折不挠、越挫越勇的精神，凭着身上那股拼劲，才尝到了胜利的喜悦。

所以，当困难拦住前进的道路时，要鼓励孩子运用已有的知识和经验，想办法把困难解决掉，让孩子把克服困难的过程当成一次挑战自我、超越自我的过程，并从中获得成功的体验。比如，一道难题使孩子完成不了当天的作业，爸爸可以给孩子指点，教孩子想想学过的公式，看看书上的例题，引导孩子通过亲身实践解决难题，而不是直接把答案告诉他。又如，和孩子爬山，站在山脚下，孩子望而生畏，爸爸可以鼓励孩子先爬100米，爬到100米时要给孩子的勇气以赞扬，接着鼓励孩子再爬200米、500米，这样很快就能爬到山顶。当孩子真正体验到靠自己的努力克服困难后获得的那种喜悦时，日后就是有再大困难，他也会勇于尝试并努力挑战。

培养孩子坚定的信念

信念是指人们对某种思想或事物坚信不疑并身体力行的心理态度和精神状态。通俗地说，信念就是"坚信""深信不疑""我能""我一定行"的代名词。当人的内心深处认为只有一种可能的结果产生时，他的思考过程和整个神经系统就都会将一切力量凝聚于这个结果的产生上，这是人心灵深处

孩子的懂事是 教 出来的

所迸发出的一种魔力。而且，人的专注力越强，这种魔力就越神奇！这和平时我们所说的"精诚所至，金石为开""有志者事竟成"是同样的道理。

这就是信念的力量。如果孩子在困难和挫折面前能坚定"我能行"这种信念，那么再大的困难和挫折，也不能让他屈服。

孩子最初的信念，是父母用言语和行动植入孩子内心的，如妈妈告诉孩子"你能行"，孩子会从心中接受妈妈的鼓励，并形成"我能行"的信念。所以，作为父母，首先要让孩子相信你说的话，并让孩子经常能感受到你说的话是真实可靠的，这样孩子在遇到困难时才能像上面故事中的儿子一样坚定心中的信念，从而战胜困难。

父母除了用自身的行动帮助孩子树立信念外，还要鼓励孩子用自身的力量强化信念。

——当孩子紧张、恐慌、害怕、缺乏自信时，告诉孩子不要慌张，立刻大喊几声，就像举重、搏击时那样喊叫一样，则可以立即恢复力量。这是因为声音的力量可以影响信念，促使我们采取积极的行动。

——让孩子在自己的房间建立一个梦想板，把自己的目标画成图片贴在梦想板上，天天看，可以天天刺激潜意识，在潜意识中形成一幅梦想画，加上努力，孩子的梦想最终会成为现实。

——信念=信心+大声念。如果孩子消极、徘徊、犹豫，那么就让他拿出笔来，用一句话写下自己想要达成的目标，每天早上大声念10遍，成功之门就会为他敞开。

——教孩子学会积极的自我暗示。如果进行消极暗示，潜意识也会毫不犹豫地帮孩子把它转化为现实。比如，"我办不到""我是个失败者""事情越来越糟糕了"，结果也就是消极的。如果让孩子在大脑中设想他所希望的成功场景，并反复设想，潜意识中的负面思想就会被成功图景所替换，从而改变自我意象，树立成功信念，并使自我产生积极的行动。

以上每种方法都要经过反复地练习，反复地输入，当潜意识可以接受那个让孩子成功的指令时，所有的思想和行为都会配合这样一个想法，朝着孩子的目标前进，直到达成目标为止。

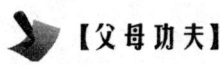【父母功夫】

保护孩子的自信心

要培养自信坚毅的孩子，父母首先要相信、赏识自己的孩子，用自己自信的言行影响孩子，并把自己对孩子的积极评价传达给孩子，保护孩子已经建立起来的自信心，并帮助孩子坚定信心。

——多给予孩子积极的评价。父母对孩子行为的积极评价，会使他感觉到自己是有力量的。比如，已学会走路的孩子是很喜欢自己走路的，孩子走了一段路后，父母可以说："宝宝长大了，自己都能走到商店去了。"孩子到公园玩滑滑梯时，父母也应适当地鼓励，"宝宝真勇敢，敢自己滑滑梯了"，让孩子从小感觉到自己有力量。

——永远对孩子充满信心。父母不仅要对孩子的成功给予极大的关注，当孩子遇到困难或挫折时，父母更需要对孩子进行鼓励与帮助。此时的孩子容易自我怀疑，父母对他的信任会加强他的自信。另外，当孩子的失败在所难免时，不要对孩子进行否定性的评价或惩罚。只有接受孩子的失败，并帮助他总结经验教训，孩子才有机会不断获得信心。

——肯定孩子付出的努力。在孩子取得成绩时，要及时给予肯定，但在经过努力未能取得成功时更要给予孩子安慰与鼓励。虽然未取得成功，但应肯定孩子所付出的劳动和努力，以保护孩子的自信和热情，使他看到希望，进而激发起一种积极向上的精神。

孩子的懂事是**教**出来的

——尊重孩子，赏识孩子。无论什么情况下，都不要用尖刻的语言嘲讽奚落孩子。如果当众讽刺、贬低孩子，或故意揭短、夸大孩子的缺点，就会伤害孩子的自尊心、自信心。尊重孩子，赏识孩子，就是对孩子个性、能力的一种肯定。

——用微笑赞赏孩子。2岁多的孩子已很愿意表现自己，当孩子帮妈妈拿一张报纸、扔一张废纸时，妈妈满意的微笑和一声"谢谢"，会让孩子感觉到"我很重要"。这种感觉也是孩子今后确立自信心和自尊心的先决条件之一。

——做孩子的榜样。父母是孩子的第一任教师，是和孩子相处时间最多的人，父母的言行对孩子的影响很大。因此，父母在处理日常事务或工作中，应表现得自信心十足，不要碰到一点小挫折就心灰意懒，萎靡不振。孩子从家长自信的表现中将会获得良性的暗示。

第6章　懂事的孩子习惯良好

培养孩子良好的读书习惯

　　读书能丰富知识、开阔眼界、增长智慧,读书使人晓理明志、修身养性、愉悦精神。一个人养成了爱读书的习惯,他的生活才是充实的,他才能拥有更深的涵养、更好的气质和更优雅的情趣。专家指出,"爱读书的孩子不会变坏",培养孩子的读书习惯越早越好。帮助孩子养成良好的读书习惯,就等于为孩子找到了拥有世界的捷径。和其他习惯一样,读书的习惯也需要在实践中培养,这就需要父母为孩子提供良好的读书环境,培养孩子主动读书的意识,开发孩子热爱读书的兴趣,引导孩子把读书当成一种享受。久而久之,读书就会成为孩子日常生活中不可或缺的一部分。

　　◆为孩子营造书香环境

　　要培养孩子良好的读书习惯,首先,要给孩子营造出一种健康、温暖和快乐的读书环境,这个环境首先体现为父母爱读书。如果一个孩子从一出生就看见父母天天读书,那么受这种环境的熏陶,孩子一定也非常热爱读书。所以,父母要为孩子做好读书的榜样,经常让孩子看见你在读书中获得的乐趣,让孩子把读书当成一种休闲活动,鼓励孩子将书当"玩具"去玩、视"书"为好朋友。在这种轻松愉悦的氛围中,孩子渐渐会对读书产生兴趣。

　　其次,一个良好的物质环境也是必不可少的,即要为孩子提供一个光线充足、空间适宜、相对安静的阅读环境。父母可以为孩子专门设立一个房间,或者孩子的卧室也可以,给孩子准备一个书架,把孩子经常要读的书集中放到书架上,使孩子可以随时翻阅,这不仅有利于孩子阅读习惯的养成,

孩子的懂事是 教 出来的

也利于培养孩子爱护书籍的好习惯。当然,一张书桌和一盏台灯也不能少,有了属于自己的书桌,孩子看书的时间会增加,读书习惯也会逐步养成。

◆ **读给孩子听**

孩子最初的读书兴趣和良好的读书习惯来源于倾听。孩子还不能拿书之前,妈妈要经常给孩子讲故事,让孩子从小就能感受到书中的快乐和情趣。讲故事时,要善于运用声调的抑扬顿挫、肢体的动作、面部的表情、声音的模仿等吸引孩子。孩子小的时候爱听妈妈讲故事,稍大一些同样爱听。讲故事随时随地都可以,孩子睡觉前,妈妈可以讲给孩子听;孩子要求讲的时候,爸爸就讲给孩子听;带着孩子散步,同样可以一边走一边讲。让故事融入孩子的日常生活最好不过了,故事中的哲理、精神等积极向上的东西会永远陪伴孩子。

◆ **与孩子同读书**

父母和孩子一起读书的时刻也是家庭生活中最幸福的时刻。亲子共读不仅可以培养孩子良好的读书习惯,还可以增强彼此的交流,加深彼此的感情,对父母、对孩子、对家庭都是一种快乐。从这个角度说,读书滋润着两代人的心田,也必然能提升两代人的素质。所以,无论有多忙,父母都应该每天抽出30分钟的时间与孩子共同读书,和孩子一起读各种各样的书,分享名家经典,让孩子在品书的过程中获取知识、开阔视野、陶冶情操,并提升文化修养。

每天一起读书的这30分钟最好能固定下来,如定在晚饭后的半小时。这段时间内,大家都读书,雷打不动,如果有事情错过了,也一定要补上。经过一段时间的训练,固定时间内读书就成了一种习惯,和洗脸、刷牙、吃饭、睡觉一样成为一种需要后,想不让孩子读书都难了。

◆**带孩子走进书店**

孩子小的时候,带他去书店,能让他感受到一种书的氛围。等孩子大一些,可以自己选择图书的时候,一定要带他去书店选购自己喜爱的书籍。如果父母自作主张帮孩子购买图书,孩子可能不感兴趣,不愿意看,会被孩子束之高阁。孩子亲自挑选的书籍,他往往愿意看,阅读的收获也大。

当然,在选书过程中,父母要帮助孩子把好三道关:一是语言是否生动、优美;二是内容是否健康、积极;三是难易程度是否适中。尤其是第三点,如果难度超出了孩子的智力水平,他会觉得太难,生字太多,不好理解,会使孩子因为感到特别困难而沮丧,也就不会有愉快的阅读体验。如果这样的事情时常发生,那么孩子的兴趣就像被泼上了冷水。

现在有些父母给孩子在网上选购图书,这就要事先带孩子去书店或图书馆看看孩子喜欢什么书,或者选网上的书时让孩子参与,这样都有利于孩子主动去读。

培养孩子良好的交往习惯

交往是人类生存的一种基本需要,也是人们精神生活的重要内容。孩子的社会交往是自身生长发育与个性发展的需要,也是完成社会化的重要过程。孩子要在社会上生存,就必须学会交往。良好的人际交往是适应社会的表现,孩子是否善于同别人打交道,在人群中人缘如何,对他以后的学习和人生的发展有很大影响。

善于与人交往的孩子智商较高,往往比较聪明活泼,不仅容易与人相处得融洽,而且可以从他人那里学到更广阔的知识和为人处世的技能技巧;

而缺少正常人际交往的孩子，往往会表现得孤僻退缩、自我中心、不能合作等，也常常因为不能与人和谐相处而烦躁不安，甚至影响正常生活。因此，父母要重视培养孩子从小与人交往的良好习惯，为孩子将来的幸福生活打好基础。

◆ 交往从家庭开始

家庭是孩子学习人际交往的第一所学校，家长则是孩子的第一任老师。想培养孩子良好的交往习惯，引导孩子与家庭成员进行良好交往是一个开端。如果一个孩子不愿意与自己的父母交往，或者与父母不能进行良好交往，那么他无论如何也是不会与别人交往的，即使与别人交往，也不会长久，也会因交往不畅而失败。

首先，让孩子感受到家里有爱。有爱的怀抱，才是交往的第一步。父母一定要给孩子一个充满爱的家庭，让孩子感受到交往是轻松的，并在爱的港湾里开始交往的第一步。其次，父母要在家庭中创造一种民主平等、亲切和谐的交往氛围，以父母为中心和以孩子为中心的家庭氛围都是不可取的。父母应当成为孩子的朋友，不要给孩子的感觉总是高高在上，这样的家庭才是孩子心中理想的家庭，孩子才愿意与家庭中的成员进行交流，并持续这种交流。最后，父母的言行举止往往是孩子学习交往的最好榜样，所以父母要注意以身作则，把自己美好、善良的心灵展现在孩子面前，用自己大方、热情、乐观、包容的交往方式来感染孩子，使孩子爱上交往。

◆ 鼓励孩子与同龄人交往

与同龄人交往比亲子交往更能促进孩子学会交往的技能，也更有利于良好交往习惯的形成。同伴交往可以让孩子了解别人、理解别人、约束自己、改变自己，使孩子变得更加合群，学会采用建议和请求的方式而不是以武力的方式处理问题，交往中的快乐更是不言而喻。同时，孩子的社会化部分必须在同龄人的交往中完成，如果缺失这一部分，孩子的智商无论有多高，其社会化乃至人格都是有缺陷的。所以，若想让孩子将来在社会上立得住脚，并拥有良好的个性，开心幸福地生活，一定不能让孩子缺了与同龄人交往这一课，否则孩子必将在未来社会的大家庭中处于孤立无援的境地。

现在的孩子大多是独生子女，没有兄弟姐妹，而且由于大家都住在楼房里，相互接触的机会很少，导致孩子缺少与同龄人交往的机会。父母应多带孩子走出家门，在小区、公园、游乐场、亲子乐园等公共场合积极为孩子寻找同龄或年龄相仿的玩伴；还可以邀请孩子的小伙伴到家里来玩，也要允许孩子去小伙伴家里玩，增加孩子与同龄人交往的机会。

◆**教给孩子基本的交往技能**

有时，孩子有交往愿望，却不知道如何去交往，这可能使孩子良好的愿望不能实现，孩子自然也就失去了交往机会，交往能力的提高和交往习惯的养成就变得较为缓慢。所以，父母要在平时的生活中教孩子学习一些基本的交往技能，有利于孩子在交往中获得成功合作的乐趣，也为他乐于交往提供了"有力武器"。

——教孩子主动打招呼。这是最基本的交往技能。主动能带给人一种热情与真诚的感觉，具有很强的亲和力，能让人产生与你交往的愿望。

——教孩子学会分享。分享是交往的基础，不会分享，就不能赢得同伴。父母可以引导孩子拿出自己的玩具、图书和别的小朋友一起玩，有伙伴来家里玩时还要让孩子与他们分享水果、食品、饮料等。父母还要让孩子明白，不懂分享，就不会有朋友。

——教孩子学会友好协商。孩子们在一起玩的时候难免会发生冲突，而通过友好协商来解决或缓解冲突是最好的办法。比如，教孩子学会用商量的语气说话，希望和小朋友交换玩具时要询问"可不可以"，想请别人帮忙时

孩子的懂事是**教**出来的

要说"你能不能帮我"……这样既不会伤害孩子们之间的感情,还能很好地解决问题,一举两得。

——教孩子学会控制自己。有的孩子在和小伙伴玩耍的过程中表现出极强的控制欲,希望什么事都是自己说了算。这种霸道的做法只会让小伙伴远离他。父母要明确地告诉孩子,自己太任性、太霸道的话,大家就不喜欢和他玩;引导孩子懂得轮流发号施令,让孩子知道每个小伙伴都有发号施令的愿望与权利,这样才能吸引其他小伙伴来和自己玩耍;还要告诉孩子,遇到任何不愉快的事情,都不能骂人,更不能动手打人,要通过沟通与交流的方式解决问题,实在不行还可请大人来解决。通过正确引导,孩子就会逐渐学会控制自己的愿望、行为,学会和别的小朋友协作,并懂得用自己的智慧和爱心去帮助别人。

◆帮助孩子提高受欢迎度

培养良好的交往习惯,还要帮助孩子成为一个受欢迎的人。因为只有受欢迎,才有人与孩子交往,孩子才有交往的机会和体验。人际交往中,没有人愿意与高高在上、不懂礼貌、不诚实、不守信的人来往。想让孩子成为一个受欢迎的人,父母需要从孩子的交往品质上下功夫,练就"硬件",为孩子聚拢人气,增加孩子的人格魅力,为孩子赢得良好的人际关系。

——教孩子礼貌待人。礼貌是交往中不可或缺的重要品质。一个懂礼貌的孩子,给人一种很有教养的感觉,这样的孩子处处都是受欢迎的。父母平时要教孩子一些基本礼貌常识,鼓励孩子用礼貌用语和别人交往。比如,同别人见面时说"您好",请求别人帮助时说"请",接受别人帮助后说"谢谢";做错事或打扰别人时说"对不起"或"打扰了";玩完游戏各自回家时说"再见"。这些都有利于孩子从小养成懂礼貌的好习惯。

——教孩子诚实守信。诚实守信是交往中的重要原则。父母可以通过平时的言传身教，讲故事，分析身边的小事，说明一些做人的道理，让孩子了解什么是对的、什么是错的，什么是应该做的、什么是不能做的，以及不诚实的行为会给自己带来什么不良后果；引导孩子不做不应该做的事，不说不诚实的话，许诺的事情一定要用实际行动去兑现，不能说话不算数、欺骗他人，做到言必信、行必果。从点滴做起，从小事做起，一定可以塑造孩子的诚信之心。

——教孩子尊重别人。相互尊重，有利于交往。一个高高在上的人，总是以一副骄傲的面孔和不屑一顾的态度和人说话，这本身就是对别人的不尊重，当然也不能换取别人的尊重。父母要告诉孩子，要有礼貌地对人说话，不在背后议论别人，不嘲笑别人的短处，用别人的东西要征得同意并在使用后如期如数归还。孩子从小养成尊重别人的好习惯，会让自己的社交顺畅很多。

交往还需要更多的优秀品质，如正直、互助、包容、谦让等，这些都可以在生活中慢慢培养。

培养孩子珍惜时间的习惯

"时间就是生命"，"一寸光阴一寸金""节省时间，等于延长了生命"，这些都告诉我们时间是多么重要。然而，对于年幼的孩子来说，时间比较抽象，他们没有什么时间观念，不懂得时间的紧迫感，更不会合理地利用时间，往往不能按照事情的主次和轻重缓急来安排时间，只凭着自己的兴趣和习惯来安排时间，结果既造成了时间的浪费，也耽误了很多重要事情的处理。这样长期下去，就会无意识地养成浪费时间的习惯，孩子的一生也

孩子的懂事是 教 出来的

都会受到这个坏习惯的制约。父母培养孩子从小具有时间观念，懂得珍惜时间，孩子才能有责任感和紧迫感，做事才能集中精力、雷厉风行，合理安排、支配时间，使自己的生活过得充实而富有意义。这样的孩子才是大家眼中最懂事的孩子。

◆ **教孩子认识时间的价值**

父母可以通过跟孩子玩计时做事的游戏、讲故事等方式，让孩子感知时间是宝贵的，不要浪费时间；也可以给孩子讲道理，如对他说"飞机马上要起飞，你却没有赶到飞机场，你可以让它等你吗"这样的话，让孩子慢慢领会时间是永不停留的，应该及时抓住时间；还可以引导孩子分析相同的时间做不同的事情，所带来的价值是不同的，同时让孩子明白每个人的时间都是均等的，关键在于自己如何去利用它。

◆ **教孩子立刻行动**

孩子明明知道有事要做，却迟迟不动手，这实质上就是在拖延时间。时间不会因为谁的不行动而为谁停留，它会悄悄流逝、永不复返。不立刻行动可能是懒惰造成的，而懒惰又会加强拖延，不利于养成珍惜时间的习惯。

"人并不是因为跑得不快而赶不上火车，而是因为出发晚了才赶不上的。"这话说得很有道理，也看出了立刻行动的重要性。所以，父母一定要教育孩子抓紧时间，行动起来，因为"千里之行，始于足下"。路再长，只要抓紧时间不停地走，就能达到终点；而路再短，不去迈出第一步，永远也不会知道终点在哪里。

◆ **教孩子"今日事今日毕"**

有的人总喜欢把今天的事情推到明天，把明天的事情推到后天，这是一种极其不懂得珍惜时间的表现，这样的人也不能干成什么大事。

"今天做不完了，明天再说吧！""今天实在不想写了，明天再说吧！"总是把"明天再说吧"挂在嘴上的孩子，拖沓、懒散、整日无精打采，不管是对待学习还是生活都提不起兴趣，这样下去对以后的学习和生活都很不利。所以，父母要帮助孩子克服拖延的毛病，让孩子懂得珍惜眼下的时光，养成"今日事今日毕"的好习惯。

◆教孩子学会统筹时间

统筹时间是一种珍惜时间的有效方法。它教我们在同一时间做多件事情，从而提高了做事效率，也就相当于节省了时间。这种方法可以用生动的例子来说明，比如烧开水的时候可以同时做洗茶壶、茶杯的工作，不用等茶水烧开了再洗茶壶或茶杯。

父母可先教会孩子这种统筹方法的基本知识，再为孩子举几个通俗易懂的例子，他们会在较短的时间内接受这种科学的方法，孩子掌握后就能比较容易地管理好时间。例如，在早晨吃饭的时候可以让孩子打开录音机，一边吃饭一边听英语，这样就节省了时间。在这件事上节省了时间，就等于为另一件事赢得了时间。

◆教孩子在合适的时候做合适的事情

孩子一天内有很多事情要做，而只有在合适的时候做合适的事情，才能提高效率。效率提高了，就等于节省了时间，省出来的时间可以做别的事情。父母要引导孩子把重要的、耗费心神的学习内容安排在记忆力最佳的时间，把相对轻松、简单的学习内容安排在易产生疲惫感的时间段，这种安排能大大提高学习效率。

做任何事情都需要时间，包括休息和玩耍。休息的时间不能算是浪费时间，但是如果孩子在最佳学习时间段休息，这就不能不说是一种浪费了。也就是说，安排不当就是浪费。比如，周六、周日的时间，学习的黄金时间在上午，而孩子却安排自己在整个上午做一些洗衣服、打扫房间等杂事，中午、下午才来做作业，这不能不说是一种浪费了。所以，想让孩子珍惜时间、高效学习，就要让他学会合理安排好一日的时间。

◆**教孩子利用好每一分钟**

用"分钟"来计算时间的人，比用"小时"来计算时间的人，时间多59倍。"时间统计法"的创始人柳比歇夫就是一个想方设法利用每一分钟"下脚料"的人，他乘电车时复习需要牢记的知识、排队时思考问题、散步时兼捕昆虫、在那些废话连篇的会议上演算习题……

零散时间看似不起眼，但积少成多，每天把零散时间都充分利用起来就是一笔不小的收获。而每天的零散时间往往被孩子忽略了，所以父母要教育孩子千万不要小看这些零散的时间，要善于把它们利用起来。比如，运动回来累了，躺在床上休息一会儿，但这并不是真的睡觉，这时可以打开学习机，播个故事听听或放一段英语对话。又如，每天放学等公共汽车和坐车的时间，可以把课堂上学的东西回忆一遍，就能节省晚上做作业之前看课本的时间。这些事情看似小，收获却不小。

培养孩子良好的理财习惯

在我们国家，不少父母不重视对孩子的理财教育，平时想方设法满足孩子的要求，零花钱要多少给多少，甚至把零花钱作为对孩子学习成绩的激励手段，致使孩子不能正确认识金钱，毫无理财意识，乃至大学及工作后仍缺乏理财习惯和投资理财能力。因此，培养孩子的理财意识与理财习惯，应该与孩子掌握科学文化知识一样重要，它将成为孩子走向社会后的一个生存必备技能。孩子会理财，父母就会少操心，这样的孩子是懂事的孩子。

◆ **教孩子正确认识金钱**

如果孩子只知道花钱，不知道钱是从哪里来的，他就体会不到父母劳动的艰辛，养成花钱大手大脚、想怎么花就怎么花、想花多少就花多少的不良习惯。而这对孩子以后的成长和生活都是极为不利的，会使孩子适应不了激烈的社会竞争，甚至使孩子为了金钱而误入歧途。

父母首先要让孩子知道，世间没有不劳而获的道理，也不会出现天上掉馅饼的奇迹，金钱是用劳动换来的。最好的方式就是让孩子亲身体验金钱的来之不易。其次，要告诉孩子，生活处处离不开金钱，没有金钱，就无法生活。父母可以让孩子亲眼看到，购物、水电费、天然气费、看病等都是需要花钱的，孩子才能知道钱在生活中的重要性，才能懂得更加珍惜金钱。再次，让孩子知道，金钱虽然重要，但却不是万能的，像亲情、友谊、信任等是花再多的钱都买不到的。最后，让孩子明白，君子爱财，取之有道，不能为了金钱而做出违背原则和良心的事情。

◆ **教孩子从小学会记账**

记账的目的是让孩子熟悉收入和支出的概念，以及为了有效管理钱财必须有个"计划"。钱一旦花了很容易忘记，逐笔记录自己每一天的收入和支出，可以让自己明白钱都花在什么地方了，到一定时期花了多少、还有多少能花，可以随时查看并反省自己的消费习惯以便适当调整。

◆ **教孩子学会储蓄**

孩子平时除了父母给的零花钱，还可能有压岁钱等。父母可以建议孩子，把花不了的钱存入银行，包括每个月特意从零用钱中拿出一部分和当月剩余的零花钱。这实际是教孩子学习储蓄。储蓄是理财的基础。

教孩子储蓄时，最好能给孩子开设一个自己的独立账户，这样有利于培养孩子的"主人翁"意识，可以让孩子把储蓄这件事真正当成是自己的事情

孩子的懂事是**教**出来的

去做，逐渐养成良好的储蓄意识。让孩子定期存钱之前，父母可以告诉他存的钱是可以增加的，给孩子讲一些储蓄最基本的知识，然后引导孩子存钱。

另外，有条件的家庭可以为孩子的未来考虑，做一些投资，如投资保险、基金、股票、金银、收藏品等，当然这要和孩子商量来决定。

◆ **引导孩子学会花钱**

消费是理财的一个目的。手里有再多的钱，不会消费或不消费时，它就是废纸。因此，父母不仅要教会孩子如何存钱，更要教会孩子如何花钱。有人说，花钱不要教，谁都会。我们这里说的花钱，是指"会花钱"，也就是让钱花得有价值，让钱发挥它最大的意义。

首先，教孩子理性消费。理性消费就是该买的买，不该买的不买，不能喜欢什么就买什么，也不能想买什么就买什么，要学会在购买贵重物品前货比三家、了解商品的性能等技巧，精打细算，不乱花钱，不浪费钱财。教孩子每周在固定的一天去购物，不要天天购物，购物之前列个清单，根据自己的需要去买。这样可以培养孩子节约的习惯。

其次，教孩子该花钱时一定要花。有的孩子只懂得存钱，该花的钱却不花，不肯给别人花一分一毫，这说明他还没有真正明白存钱的意义。这样的孩子就属于只懂得索取、不懂得付出的人，有守财奴的趋向。父母要跟孩子讲道理，要让他知道储蓄的一个目的就是为了未来的消费，如果只存不花，那存钱就没有任何意义，钱本身也就失去了价值。当爸爸妈妈、爷爷奶奶、外公外婆生日的时候，或母亲节、父亲节等节日时，父母可以适时地让孩子用一点零花钱送给长辈一件小小的礼物，培养孩子该花时则要花的观念，同时培养一颗孝敬感恩的心。

最后，教孩子力所能及地帮助他人。地震、洪水、旱灾、雪灾等自然灾害发生时，要给孩子讲雪中送炭、一文钱可能救一条命的道理，要让孩子知道这时候的帮助比任何的锦上添花都更有意义，鼓励孩子拿出自己的储蓄，帮助受灾的人。如果家庭生活比较充裕，不妨让孩子参与一些公益与慈善活动，让孩子体会钱除了可以带给自己物质享受，还可以用来帮助有需要的人，这样快乐会增加数倍。

培养孩子热爱劳动的习惯

国外学者调查发现，不论智力、家庭背景或教育程度如何，那些童年时参加劳动的人比不劳动的人取得的成就更大、生活得更加愉快：安徒生做过学徒、爱迪生8岁种菜卖菜、高尔基当过童工、马克·吐温当过排字工人、美国前总统卡特9岁就成为机灵的小商贩……我国教育专家也做过调查，结果同样发现，在家中做力所能及的事的孩子，情绪较为稳定，心理问题较少，学习自觉性与责任感较强。这些都有力地证明了从小培养孩子良好劳动习惯的重要性。

热爱劳动是一种美德。如果孩子能把劳动当成一种习惯，那么妈妈省心，孩子更是受益匪浅。

◆**让孩子明白劳动的意义**

劳动，对于任何一个人，都是安身立命之本。劳动创造一切，不论社会怎样进步，科学怎样发展，劳动永远是人们创造美好幸福生活的源泉。孩子不爱劳动，也许是不懂得劳动的意义。父母要明确地告诉孩子，世间的一切财富，都是由劳动创造得来的，不劳动就不会有收获，不劳动就无法生存；劳动是一种光荣而高尚的品质，不劳动的人是可耻的、是寄生虫，最终会被社会所抛弃。而且，劳动不仅能增强体质、促进身体健康，还能促进智

孩子的懂事是**教**出来的

力发育、培养吃苦耐劳的精神、学会珍惜自己和他人的劳动成果,形成独立生活的能力。懂得了劳动的意义所在,孩子就会慢慢改变"饭来张口,衣来伸手""漠视劳动,四体不勤"的状态,从而热爱劳动、向往劳动、享受劳动。

◆做爱劳动的父母

父母的行为举止对孩子起着潜移默化的作用。如果父母爱劳动,每天主动承担家务劳动,把劳动当作有意义的事情,并能享受劳动带来的乐趣,那么孩子也一定会热爱劳动。如果父母总是把劳动看成是一种枯燥无味的差事,整天为了干家务活而抱怨,"上了一天班,这么累还得洗衣服",或者有的父母之间总是为谁多干了、谁少干了而争吵不休,孩子就会感觉到做家务是一件苦差事,而且没有什么乐趣。在这种环境的影响下,孩子无论如何也是不会喜欢劳动的。所以,父母要以身作则,让孩子觉得做家务是生活的一部分,像吃饭、睡觉一样自然和必要,他就自然会增强劳动意识,提高劳动自觉性。

◆培养孩子的劳动兴趣

无论做什么事情,只要有了兴趣,孩子就会主动去做。劳动也不例外。孩子对劳动产生兴趣,就会因为热爱劳动而劳动,而不是被迫劳动。

首先,给孩子做家务的机会。孩子从2岁左右开始,就有帮妈妈做家务的意愿,这时妈妈不要嫌孩子帮倒忙,也不要心疼孩子干活,让孩子做一些力所能及的事,这是培养孩子热爱劳动的最好时机。

其次,教会孩子一些简单的劳动技能。父母也可以事先教孩子掌握一些简单的劳动技能,教时必须言传身教,一步步给孩子做示范,手把手地教,以后再逐步让他自己干。这样,孩子独立做事时,就会比较得心应手,也容易从中体会成就感。

再次，根据孩子的年龄特点，为他安排力所能及的劳动内容和时间。比如，让三四岁的孩子学会照料自己的生活，自己吃饭、漱口、洗脸、穿脱衣服等；让五六岁的孩子学做一些简单的家务劳动，如擦桌椅、扫地、洗手帕等；让七八岁的孩子参加一些社会公益劳动，如打扫环境卫生等。孩子劳动的时间不宜过长，一般每次在20分钟以内。

最后，欣赏孩子的成果。孩子做完事后，爸爸妈妈的肯定、表扬和鼓励会让他异常兴奋，并能让他产生继续做的动力。父母要肯定孩子取得的成绩，同时要智慧地指出不足，以便让孩子下次做得更好。比如，孩子自己洗鞋子，洗得不是很干净，还溅了一地水，这时妈妈既不要对孩子发火，嫌他做得不好，也不要只夸奖孩子做得好，更恰当的做法是可以对孩子说："这鞋子你洗得不错，我相信你下次可以洗得更干净，而且可以更小心，不让水溅出这么多。你也这样认为吗？" 这样，孩子在下次做事的时候就会记得妈妈说的话，真的会做得更好。

◆把劳动融入一日生活

如果能把劳动融入孩子的一日生活之中，那么劳动就会成为孩子生活的一部分，孩子做起来就再自然不过了。如何有效地把劳动融入孩子的一日生活呢？最好的办法就是把劳动写进家规。家规是一种无声的命令，具有强大的约束力和督促力，可以帮助孩子养成良好的劳动习惯。

家规的内容应该清清楚楚，让孩子明白自己每天应该做些什么，做到什么程度。具体实施时，引导孩子从小事做起，从一点一滴做起，如每天必须自己叠好被子、整理房间、收拾书包、买日用品、洗自己的衣服等。家规也应随着孩子的成长而做出改变。孩子长大一些，可以让他帮父母做一些事情，如每天负责倒家里的垃圾、给家里的花浇水、每周帮爸爸擦洗汽车等。

孩子的懂事是**教**出来的

这样每天都做一些家务，持之以恒地坚持下去，孩子就会逐渐热爱劳动，并从劳动中体会乐趣，收获可贵的个性品质。

把爱护环境当作习惯来培养

环境，是人类赖以生存的物质基础。然而，随着工业的飞速发展，人们的经济生活水平日益提高，环境污染却越来越严重。不少专家呼吁：保护环境，保护人类，迫在眉睫。孩子是祖国的未来和希望，是明天社会的主要建设者，对他们进行环保教育，增强他们的环保意识，培养他们爱护环境的良好习惯，依靠他们的力量将健康的生活观念传达给更多的成年人，是极其迫切而重要的。所以，培养孩子养成爱护环境的好习惯，已成为家庭教育不可或缺的重要内容。

◆ **培养孩子的环保意识**

环保行动，意识先行。父母可以经常带孩子到大自然中去，引导孩子欣赏蓝蓝的天、清清的水、绿绿的山、干净宽阔的大街、整洁的小区……让孩子感受自己生活在画一样的环境中。同时，让孩子看看被污染的环境，风一起，树上、草地上、天空中，到处都是五颜六色的塑料袋；沙尘暴、雾霾让人呼吸都困难；全球气候的变暖，"地球妈妈出汗"，自然灾害频繁……通过这样的比较，引导孩子认识到环保的重要性，并逐步树立环保意识。父母还可以通过给孩子讲有关污染的故事、让孩子多读有关环保的书籍等方式，帮助孩子树立要爱护蓝天、保护绿草、保护动物等意识。

有了环保意识，父母就可以随时教育孩子爱护环境，孩子用自己的行动来保护环境也就不会是什么难事了。

◆ **保护环境，从家庭做起**

家庭是孩子生活的基本环境，孩子大部分时间是在家中度过的。如果家里的物品整天乱糟糟的，地板、墙壁很脏，垃圾乱扔，孩子就会受到影响，出了门也是随手乱扔垃圾，这对培养孩子的环保习惯是十分不利的。正所谓"一屋不扫，何以扫天下"，想让孩子养成良好的环保习惯，必须首先从爱护家庭环境开始。

干净整洁的家庭环境能给人以幽雅、宁静和美的感受，父母要给孩子提供一个美的家庭环境，使他接受美的启蒙教育。孩子稍大一些时，父母可以让他参与家庭环境的美化工作，并要求孩子爱护和保持家庭的环境。具体来说，首先要教孩子珍惜家里的每件物品。让孩子明白，从花钱多的电脑、电视、摄像机，到花钱少的脸盆、牙刷等，都是各行各业的工人用辛勤的汗水制造出来的，也是父母用辛勤的劳动所得买来的，使用时要珍惜。其次要教孩子保持家庭环境的整洁，养成每天打扫卫生、整理物品的习惯，规定孩子完成清扫地面、擦净桌面、收拾床铺等事情，要求孩子做到使用过的物品及时放回原处，垃圾必须放到垃圾篓，父母经常督促检查。日长时久，习惯成自然。再次要教孩子美化家庭环境。妈妈可以经常给孩子讲一些美化环境的技巧，如家具布置时怎样做到高低错落、大小相配、色彩谐调等，从而培养孩子美化环境的审美观念。同时，父母可以引导孩子对自己的家庭环境进行美化，如挂贴字画、工艺品等。

◆ **教孩子爱护社会公共环境**

社会公共环境，是人们共同生活、学习、工作、娱乐的场所。父母要教育孩子爱护社会公共环境，要求孩子不随地吐痰，不乱扔果皮、杂物，见到

孩子的懂事是**教**出来的

垃圾捡起来放到垃圾箱;爱护公共设施,让孩子明白公共场所的一切设施,如路标、站牌、电话、信箱、路灯等都是为大家服务的,决不能损坏;游览名胜古迹时,不能随意刻画;遵守和维护公共秩序,如过马路时要走人行道,购物、买票时要依次排队,某些场合还应注意安静,上下楼梯和进出房门时主动礼让等。

◆教孩子爱护自然环境

山川河流、花草树木、鱼虫鸟兽等,这些都是大自然赐予人类最基本的生存条件,破坏自然环境最终会危及人类自身的生存。父母要教育孩子爱护大自然的任何物种,如一草一木和各种动物,要让孩子明白大自然中每一种物种的存在都有其存在的原因,每一种物种都有其他物种所不可替代的特性。这就是所谓的生态平衡。任何一种物种数量的减少,以至遭灭亡,都会导致生态平衡的破坏。孩子懂得了这个道理,才会自觉地热爱大自然、保护大自然。同时,父母要鼓励孩子参加保护农田、森林、消灭害虫、植树种花、绿化荒山等实际活动,让大自然在他们的努力下变得更加美丽。

◆教孩子学会过低碳生活

低碳生活是指生活作息时所耗用的能量要尽力减少,从而减低二氧化碳的排放量,如节电、节水、节油、节气、少开车等。这些需要教育孩子从小去做,让孩子养成低碳生活的习惯。

父母可以教孩子从最简单的节约用水开始。洗脸的时候,不开着水龙头洗,而是把水接到盆里,洗完的水用来冲马桶;用洗菜、淘米的水浇花;洗澡不超过10分钟……节约用电方面,可以教孩子不把家里的灯全开着,而是用哪个房间的开哪个房间的;自己用完电脑后,妈妈过一会儿还要用,中间这段时间,把电脑调到省电模式;鼓励孩子步行上学,这样就可以节省电动车所用的电,还能减少汽车尾气的排放;还可以鼓励孩子给垃圾分类,让孩子把可回收垃圾、厨余垃圾和其他垃圾分别放到各自的垃圾篓,这样孩子在学习环保知识的同时保护了环境,一举两得。

还可以让孩子拿当月的水电缴费单与上个月比一比,看是不是水少了半吨,电少了10度。这个成果可是实实在在的、看得见的,能让孩子心里充满了自豪感和成就感,孩子就会愿意坚持下去。

【父母功夫】

感受习惯的力量

"习惯"是由一点一滴、无数重复的行为动作养成的,好的习惯、坏的习惯莫不如此,只是结果不同。《习惯的力量》一书把"习惯"比喻为飞驰的列车,惯性使人无法停步地冲向前方,而前方可能是天堂,也可能是深谷,习惯就是你的方向盘。

研究表明,3～12岁是孩子塑造良好行为的关键期;12岁以后,孩子已逐渐形成许多习惯,新习惯要想扎下根来就难多了。而在关键时期养成的良好习惯会让孩子受益一生。

专家指出:"习惯决定孩子的命运。"习惯的力量是巨大的,人一旦养成一个习惯,就会不自觉地在这个轨道上运行。现在的一些家长非常看重学习成绩,千方百计地培养孩子的外语、美术、音乐等多方面的能力,而忽视了习惯的培养,这是目前家庭教育最大的误区。另外,研究发现,同一个动作,如果重复3周,就会变成习惯性动作;如果重复3个月,就会形成稳定的习惯。

了解了习惯的力量和孩子小时候养成良好习惯的重要性,以及习惯形成

孩子的懂事是 教 出来的

的规律，父母就应该懂得在重视孩子成绩的同时，还要用科学的方法培养孩子认真、勇敢、勤奋、守时、谦虚等良好习惯，并帮助孩子克服已经形成的不良习惯，如懒惰、拖拉、抱怨、傲慢等。

第7章　懂事的孩子身心健康

培养孩子良好的作息规律

作息规律是身体健康的基础。帮助孩子从小养成规律的作息习惯，不仅能让家庭生活更简捷、更高效，使孩子的生活有节奏、身体更健康，而且能使孩子把时间观念内化成一种宝贵素质，使自我意识的控制力与意志力得到长足的发展。一旦孩子习惯过一种有规律的生活，那么孩子的一生都将受益。

◆**制定科学的生活制度**

想让孩子坚持规律地生活，为孩子制定一个科学的生活制度是必需的。生活制度指的是有科学根据的生活秩序。为孩子制定生活制度就是把孩子一天在家里的各种活动和休息时间，如起床、吃饭、玩耍、娱乐、睡眠等的时间和次序科学地安排，并将它固定下来。这是保证孩子大脑皮层兴奋与抑制有规律地转换、做到劳逸结合的重要条件，可以进一步保证孩子身心得到健康发展。

制定生活制度应该在孩子一两岁的时候就开始，这时孩子虽小，不能用语言很好地表达自己的需要，但孩子会用实际行动告诉你他什么时候想做什么。只要父母在日常生活中认真观察，及时捕捉孩子发出来的信息，就能发现孩子通常什么时间显得疲倦、什么时候饥饿、什么时候玩得最兴奋等，摸清孩子的生物钟，同时稍加支持或限制，就能为孩子建立一套有规律的生活作息制度。对于大一些的孩子，可以和孩子一起商量着制定这个制度，有了孩子参与的制度，他才能主动约束自己的行为，逐步养成良好的习惯。

◆培养良好的睡眠习惯

良好的睡眠可以使大脑和身体得到充分的休息，不仅有利于身体健康，还能够保证第二天精力充沛，使学习和工作获得较高的质量。良好的睡眠习惯应该包括早睡早起、每天午睡、独立入睡等习惯。

首先，让孩子按时入睡。到了睡觉时间，要给孩子创造一个良好的睡眠环境，如保持室内光线柔和、舒适安静，不要大声吵闹，睡前不要过分逗弄孩子、不要让他太兴奋，也不要讲惊险恐怖的故事，上床前让孩子解好小便。如果孩子一时睡不着，不要用"大灰狼来了""再不睡妈妈就不管你了"这类话吓唬孩子，否则会使孩子睡不好。

其次，让孩子按时起床。如果孩子晚上睡得早，有了充足的睡眠时间，第二天早晨是容易被唤醒的。父母不要因为看电视或忙于其他事情，使孩子不按时睡觉，否则很难养成良好的习惯。父母早上不要睡懒觉或在被窝里与孩子逗玩，也不要让孩子在床上吃早点，不然无形之中会让孩子养成赖床的坏习惯。

再次，让孩子每天午睡。午睡对孩子的大脑发育很有利，还能保证下午活动有精神。培养孩子的午睡习惯，可以在睡前带孩子适当散步，让孩子看看美丽的花草、树木，这样可使孩子怀着愉悦的心情进入甜甜的梦乡。孩子午睡时，大人尽量不要搞出非常大的动静，以免影响孩子睡眠，但也不必做到鸦雀无声，正常讲话就可以。

最后，让孩子独立入睡。孩子不能独立入睡，往往是妈妈抱着孩子睡、拍着孩子睡或唱催眠曲哄着孩子睡导致的。所以，妈妈不要在孩子睡前把他抱在怀里，一边拍、一边嘴里哼着曲调，在房间里来回走动，也不要把孩子搂在自己被窝里，让孩子含着东西或吃着被子角睡，否则时间长了孩子非要在这些条件下才能入睡，如不依他，孩子便不睡，妈妈便会被孩子的入睡问题搞得十分疲劳，也使孩子的睡眠时间不够或睡眠质量不高。孩子独自入睡前,不要让他做剧烈运动,可以和孩子平静地玩一会儿,也可以让孩子熟悉的玩具或小动物模型陪伴在身边。

◆**培养良好的饮食习惯**

给孩子吃什么、怎么吃,直接影响孩子的正常发育和日后的身体健康,是良好生活习惯形成的重要一环。

首先,鼓励孩子自己用餐。妈妈可以在孩子饭桌周围铺一些废报纸接撒出的饭粒,给孩子使用打不破的碗,也可以给孩子穿上易清洗的围兜,这些事先做起来比较麻烦,但可以换来饭后的"省事",也能让孩子尽早养成自己进餐的习惯。

其次,定时定量吃饭。一日三餐定时,能够形成固定的饮食规律。两餐间隔时间在4~6小时,能够保证营养吸收和食欲旺盛。根据孩子的食量给予适量的饭菜,并坚持要求他顿顿吃完,千万不能一味要求孩子吃多,更不能依着孩子爱吃多少就吃多少,一顿饱一顿饥,然后用零食填补,这会影响下一顿的食欲。同时,吃饭时要求孩子一定要坐在餐桌旁吃,不能边走边吃,也不能边吃边看电视,还要保持安静,不说话、不嬉笑,以免引起食物呛入气管。

再次,不挑食、不偏食。挑食和偏食必将导致孩子身体能量和营养的不均衡,影响孩子的生长发育。父母可以给孩子讲一些营养方面的知识,让孩子懂得挑食、偏食可能导致长不高、可能得某种疾病、皮肤可能不好等。妈妈还可以变化着运用蒸、炖、炝的方式加工孩子不爱吃的那些食物。另外,父母不挑食、不偏食的习惯会给孩子积极影响。

最后,爱惜粮食。吃饭时,可以给孩子先少盛,吃完再盛,要求孩子把碗里所盛的食物吃干净,饭前不要吃太多的零食,还要让孩子知道粮食的来之不易。

孩子的懂事是 **教** 出来的

◆**培养良好的卫生习惯**

养成良好的卫生习惯,有益于孩子身心的健康成长,可减少一些皮肤病、寄生虫病、胃肠道疾病、传染病的发生。孩子还小时,妈妈在给孩子做日常清洁卫生时,要逐渐地给他讲述卫生的知识与概念,告诉他什么是脏的,什么是干净的,教育他饭前便后要洗手,不吃脏东西、不随地吐痰、不吃手、不挖鼻孔、不抠耳朵。孩子大一些时,要教他如何擦肥皂、如何用洗手液自己来洗手,如何刷牙、如何饭后漱口,以保持口腔清洁。同时,要培养孩子勤洗澡、勤换内衣、勤理发、勤剪指甲、每天洗脚、经常洗头的习惯。

除了个人卫生,还要让孩子帮忙打扫和保持家里的环境卫生,尤其是自己房间的卫生,要让孩子把自己的床铺、玩具、图书等整理得井井有条,并保持地面和墙壁干净。

帮助孩子养成运动的习惯

对正在处于成长期的孩子来说,运动与摄取营养一样重要。每天坚持进行合理的运动,可以增强孩子身体的柔韧性和力量,培养平衡与协调能力,提高灵活性、节奏感和身体素质,使孩子感到身心愉悦,让孩子迸发无穷的活力。此外,运动的神奇效用还表现在有利于开发孩子的智力,以及让孩子学会分享、合作、交流、遵守规则等。培养孩子从小养成运动的习惯,父母需要从孩子的运动兴趣入手,把枯燥的运动乐趣化,鼓励孩子坚持下去,孩子就会慢慢爱上运动,并把运动当作一日生活中不可或缺的活动,这样习惯就养成了。

◆将运动游戏化

运动应该在放松的心态下进行,才能对身心健康起到积极作用。而孩子玩游戏时心情就是快乐的,将运动融入游戏中则能让孩子在身心愉悦的状态下达到锻炼的目的。要实现运动游戏化,就需要父母充分发挥自己的想象力和聪明才智,采取灵活多样的方式,创造出多种多样的让孩子喜欢的体育游戏,使孩子在不断变化的游戏中积极主动地参与体育运动。

◆和孩子一起运动

孩子运动时,身边有了父母的陪伴,会让孩子坚持运动,并爱上运动。喜欢足球的爸爸,他的孩子往往爱踢球;喜欢游泳的妈妈,她的孩子当然也爱游泳。然而,现实中却有不少父母喜欢赖在家里玩游戏、看电视、看电脑,不喜欢到外面做运动,嘴上却总是告诉孩子,运动很重要,也很有趣,但任他们磨破嘴皮,孩子就是不愿意运动。这就是因为父母给孩子做出了一个很不好的榜样:你不喜欢运动,我也不喜欢。所以,父母应该当机立断,关掉电脑、电视,停止手上的游戏机,站起来,带着孩子一起去运动。

最简单的办法,就是每天和孩子一起做运动游戏、赛跑、跳绳、散步、打球等;抽空可带孩子去游泳、溜冰,去儿童乐园玩那里的健身项目;每周还可以带着孩子一起远足一次,或骑车,或爬山,或自驾游,或滑雪;参加一次有点难度的训练也是可以的,让孩子体验什么叫挑战自我,什么是团队精神……这些都能给孩子树立一个好的榜样。

另外,如果父母能把自己当年玩过的体育游戏教给孩子,并和他一起玩,孩子肯定会非常乐意。因为孩子对爸爸妈妈的童年也是好奇的,他想知道爸爸妈妈小时候都玩些什么。比如,和孩子一起玩70年代的运动项目跳房子、跳皮筋、投沙包、踢毽子等,你会发现孩子玩得很起劲,之后还主动要求继续玩,这对培养孩子良好的运动习惯具有很大帮助。

孩子的懂事是教出来的

◆让孩子发展自己喜爱的运动

孩子小时候的运动主要以体育游戏为主，孩子长大后也许会有自己喜爱的运动项目，比如跑步、游泳、跳绳、骑车等，这时父母就要从孩子的兴趣入手，支持孩子擅长的运动，帮助孩子制订运动计划，鼓励孩子天天坚持，孩子则会在发展自己喜爱的运动的基础上养成锻炼身体的习惯。

如果孩子对运动表现不出什么兴趣，则需要父母激发他的运动兴趣，让孩子尝试不同的体育运动，过程中仔细观察孩子的强项和弱项，以及孩子喜欢的和讨厌的事物，让孩子通过真正接触，找到自己的兴趣点，直到找到一种最适合他的运动。

当然，父母还要根据孩子的身体情况为他提出运动建议。比如，孩子平衡力好，可以建议他练习滑冰、体操等，发挥优势；相反，孩子缺乏耐力，可以建议他去长跑，因为长跑可以锻炼意志力、耐力。当孩子的运动兴趣慢慢培养起来后，他就会主动地参加锻炼了。

◆小技巧让孩子积极运动

孩子不爱运动，父母可以运用一些小技巧，激发孩子运动的积极性，这也许比说教更管用。比如，给孩子找个运动小伙伴，两个人之间可以相互帮助、相互督促、相互鼓励，孩子运动的积极性就较高一些。妈妈可以与住得近一点的家长沟通，请两家的孩子结成运动伙伴，商量好时间，一起做运动。这是对两个孩子都非常有益的事情，相信没有哪个家长会拒绝。又如，可以在孩子喜欢的运动领域帮他找个偶像，收集一些偶像过去的正面新闻给孩子看，经常关注偶像的动态，看他在什么比赛上又拿了大奖，让孩子学习偶像身上的恒心、韧性和拼搏精神，让偶像成为孩子运动的动力，并使孩子对运动保有持久的兴趣。

"冰冻三尺非一日之寒"，强健的身体素质不是坚持一天两天就能够收获而来的，它需要从小时候就坚持锻炼，并养成每天运动的好习惯。

别让孩子被嫉妒扰乱心智

"通俗地说,嫉妒就是我们通常所说的"红眼病"。嫉妒会蒙蔽人的心智,让人失去判断力,做出自己无法控制的疯狂的事情,最终很可能是害人害己。

相反,历史上真正功成名就的人,都以嫉妒为耻。北宋文坛领袖欧阳修识拔苏东坡时,有人便对他说:"只怕十年之后,天下人只知苏东坡而不知欧阳修。"欧阳修一笑了之,依旧提拔苏东坡,后人便更加崇敬欧阳修。

爱嫉妒的人不能容忍别人的快乐与优秀,会用各种手段去破坏别人的幸福,有的挖空心思采用流言蜚语进行中伤,有的采取卑劣手段进行攻击;他们自卑、阴暗,生活在黑暗的世界里,享受不到阳光的美好,体会不了人生的乐趣;他们心灵上的这种疾病会扩散到身体各处,引起躯体上的不良反应,各种疾病不请自到,会摧毁人性和健康。孩子争强好胜的心理强,眼睛总看着别人的长处,自己好了还要更好,完美了还要更完美,所以产生嫉妒之心也是正常的,关键是父母要对孩子进行及时的引导和教育,让孩子认识到嫉妒所带来的不良后果,帮助孩子把嫉妒化作学习更多知识和提高自身素质的动力,不断挑战自我、超越自我,在提升自我中化解嫉妒。

◆ **帮助孩子树立自信心**

孩子表现出嫉妒之心,实际上是孩子不自信的表现。自信并不是相信自己一定会登上最高的位置,也不是以为自己什么都能做到。真正的自信是可以正视自己,知道自己什么地方是优秀的,也知道自己什么地方是不足的;知道哪些是可以通过自己的努力而达到的,也知道哪些是自己再努力也无法改变的；既不因为自己的优势而骄傲，也不会因为自己的劣势而气馁，只是诚恳地努力做好自己。每个孩子都是独一无二的，相信自己的特别，不求外界虚浮的荣耀，做到自我满足，这才是真正的自信。

孩子一旦失去自信，就会惶恐不安，就会在与别人的比较中认识自己，而这恰好是嫉妒产生的土壤。少儿时期自信的建立，往往来自外界的评价。因而，父母一定要注意帮助孩子建立满满的自信，让嫉妒这朵恶毒之花没有滋生的土壤。孩子自信的建立方法在"懂事的孩子自信坚毅"一章中有详细阐述，在此不再赘述。

◆教孩子停止攀比

嫉妒往往来自与别人的攀比，看见别人有的东西自己没有，看见同学得了第一而自己没得，嫉妒之心自然而来。这就需要我们做父母的教育孩子不要盲目与别人攀比。而孩子的攀比心理却常常来自经常的攀比教育。比如，妈妈经常会对孩子说，"你看邻居家的小胖比你学习好，你为什么就不能超过他""咱小区的小亮比你跑得快多了，上次比赛你就输给他了"这样的教育看似能鞭策孩子进取，往往能立刻见效，也非常容易让孩子做出我们期待的事，但久而久之却会在孩子的潜意识中形成一团熊熊燃烧的嫉妒的暗火，灼烧着孩子的心灵。

◆引导孩子将对手当作目标

生活中的每个人或多或少都存有"嫉妒"的心理，这属于一种正常的心理活动。嫉妒在心理正常的人身上可以转化为一种力量、一种动力；但是，在存有心理问题的人身上就是一种伤害、一种犯罪。有的孩子深陷嫉妒的泥沼不能自拔，不但自身痛苦，给家人和同学也都带来了很大的伤害。

父母应该让孩子明白，这个世界上优秀的人很多，不可能在任何事上自己都得第一，自己没有那种精力，也没有必要事事争第一。尺有所短、寸有所长，社会需要各种各样优秀的人才，而这是一个人的力量所不能实现的。

父母还应该引导孩子，千万不要把对手当成障碍，而应该把优秀的同学看成目标，在心中积聚一股向上的力量，丰富自己的知识，提高自己的本领，和对手互帮互助、互相督促，这样两个人都能不断进步。

每个人都有许多可以展示自己的机会，人生路上的落后和失败是再正常不过的事了，哪怕是多次的失败和挫折，但总有新的机会让你证明自己的实力，所以告诉孩子没有什么好嫉妒的，只要不断提升自己，你的价值自然会发挥作用。

陪伴孩子度过青春叛逆期

我们常常能听到家长说，自己的孩子上小学的时候很听话，可是上了初中后事就多起来了，不仅不像以前那样听话了，而且还和家长对着干。其实，这是孩子进入青春期叛逆的表现。青春期是孩子成长过程中的一个特殊阶段，父母需要用爱陪伴孩子一起度过，让孩子在父母的爱中感受家庭的温暖和理解，从而平稳地度过这一时期。

◆ 了解青春期的孩子

孩子的青春叛逆期一般在13～16岁之间，也就是读初中期间。这个时期的孩子正处于生长发育期，逆反心理非常强烈，时时处处与父母、老师及所有约束管制他的人作对。因为这个时期的孩子自我意识开始发展，开始要自己决定自己的事，不希望大人再给他做决定，所以会出现反抗情绪，表现为不听话、有网瘾、不沟通、发脾气、暴力、抑郁、学习困难、早恋等。

青春期的孩子，大人很难读懂他，他的心如同六月的天气，阴晴不定，变化无常，不会按照已经描绘好的地图走这段路，这是他"突破蛋壳、冒出

孩子的懂事是 教 出来的

头来感受新世界"的时期。青春期孩子的内心世界充满了力量，引导得好，这股力量就会建设性地发挥；若处理不当，这些能量会成为随时可能爆发的火山，甚至会波及整个家庭。

如果家长没有心理准备，不了解孩子的青春期特点，一时间会不知所措，或者用传统的教育理念强迫孩子听话，结果不但不管用，还可能适得其反，引来孩子更加强烈的反抗。所以，父母首先要认识到，青春叛逆期是每个孩子成长中不可避免的一个阶段，无论孩子怎样叛逆，都是正常的。其次，父母一定要理解孩子的行为，改变对孩子的教育方式，不要对孩子随意训斥，不与孩子较真、争输赢，更不能和孩子"针尖对麦芒"，但也不能不管不问，要把握好教育分寸，讲究教育策略，智慧地帮助孩子顺利度过这个时期。

◆倾听孩子的心声

研究表明，如果父母从不听孩子说话，孩子长大后往往要经过多年的治疗才能恢复自尊。因此，父母要改变"我说你听"的方式，认真倾听孩子的心声，走进孩子的心里，了解并尊重孩子的想法。以平等的地位对待孩子，不要以权威者的身份直接告诉孩子应该做什么或怎么做，这样做是对孩子的一种肯定，孩子会感觉自己获得了尊重，更加信任父母。

其实，倾听孩子的心声不只是孩子处于青春期时父母才要做的，而是从孩子出生乃至整个成长过程中都必须做的，只不过青春期之前的孩子反抗意识和反抗行为不太明显罢了。倾听青春期孩子的心声至关重要，父母愿意听，孩子才会把心里话说给父母听，亲子之间的关系才不会搞得像上面的教授与儿子那样紧张，孩子才不会把自己的内心封闭起来，这样更有利于孩子的成长。

倾听之余，应该和孩子以朋友的关系多沟通，多交流，让孩子感受到父母是他坚强的后盾，感觉到父母的爱。孩子遇到问题时，可以帮他出出主意，如果和孩子意见不一致，只要孩子的意见是合理的，父母则可以退一步，让孩子按照自己的想法去做，才能把这个"充满力量的篮球"接住。

◆理智对待孩子早恋

青春期的孩子，喜欢异性，对异性有好感，这是一种正常情感。父母首先不要把孩子的早恋当成一件天大的事情，采取极端的方式制止孩子，而是应该向孩子说明利害关系，引导孩子正确认识早恋，并从早恋中走出来，恢复正常的生活和学习。

另外，处在青春期的孩子会犯错，这是不可避免的，家长应该给孩子犯错的机会，但也要让孩子知道"吃一堑长一智"的道理，这样的成长才更真实、更有意义。

帮助孩子缓解心理压力

一个人只要参与社会生活，就会遇到各种压力。坚强、乐观的人，能勇敢地去接受压力，并会适时为自己解压；懦弱、悲观的人，则处处逃避压力，甚至会做出自残等不理智的行为。现在的孩子书包沉，课程多，还有各种各样的兴趣班，父母对他们的期望也大，所以孩子有压力也是自然而然的事情。但是孩子还小，柔弱的肩上可能负担不起过重的压力，这就需要父母在不给孩子施加过大压力的同时帮助孩子缓解已经形成的压力，并教孩子学会自行调节压力，保证孩子健康成长。

◆细心观察孩子的变化

当孩子面临压力时，行为方面常表现为爱说假话、爱打人，故意损坏东西；情绪上常表现为爱哭闹、不讲理，常常感到害怕而纠缠着大人、睡眠

孩子的懂事是*教*出来的

不稳；精神反应则表现为注意力不能集中、爱忘事、爱胡思乱想、说话含糊等。而由于孩子小，语言表达能力有限，往往无法清楚地把自己的压力讲出来，因此有时无法得到成人的及时帮助，而且他们自身的知识及处世经验缺乏，处理问题的能力不够，因而不能自己解除压力，当压力过大或持续时间过长时，孩子会产生诸如抑郁症、厌食症、睡眠障碍等生理或心理问题，这些将严重损害孩子的身心健康。

上学的孩子可能会因为与朋友、老师的关系不融洽而产生交往压力，也可能会出现考试前的焦虑症，还可能在困难面前产生压力，这些都会导致孩子由原来的活泼开朗或爱说爱笑变得焦躁不安、爱发脾气、郁郁寡欢。一位教育研究者曾说："80%的学习困难与压力有关，只要解除了压力，就能解决那些困难。"所以，作为父母，我们要付出自己的爱心，多关心孩子的成长，多了解孩子的所想所做，细心观察孩子的变化，及时发现孩子表现出来的不适，采取科学的方法为孩子排解压力，孩子就不会产生沉重的心理压力，轻松愉快地度过少年时光。

◆ **提高孩子的抗压能力**

心理承受力差、抗压能力弱的孩子，一般不能承受压力。所以，增强孩子的心理承受能力，让他变得坚强、洒脱起来，是缓解心理压力的好方法。

——教孩子正确认识压力。让孩子知道，每个人生活在世上都要面对一些压力，适当的压力是有好处的，可以督促我们不断进取；如果生活或学习上的一点小压力就能把他打倒，那么他将来则会无法面对更复杂的事情；鼓励孩子用平常心来看待压力，不要觉得压力真的就能把人压垮，真正懂得"有压力才有动力"这话的道理，从而把压力转换为动力。

——培养孩子的自尊。孩子有较强的自尊就会有勇气、胆量和辨别力，可以很好地抗拒各种不良诱惑，提高孩子的心理承受力。比如，让孩子发表一些建议，把一些适合孩子年龄的事情交给他去做，不随便批评孩子，重视孩子的想法和言行，这些都是培养孩子自尊的好方法。

——有目的地进行"心理操练"。心理承受能力的提高也可以像锻炼身体一样有目的、有计划地开展一些"心理操练"。比如，可通过体育锻炼有意识地培养孩子的意志品质；让孩子多展示自己的优势，树立自信心；在孩子取得成绩时出点难题，在孩子失败时则给予鼓励，教育他"得之不喜，失之不忧"，始终以平和自然的心态参与生活和学习，就能够经得起未来人生道路上的风风雨雨。

——帮助孩子面对恐惧。有时候，孩子会因为自己和别人不一样而受到嘲笑，甚至会受到孤立，从而感到恐惧、不知所措，如不跟别人一起逃学、不跟着别人作弊、不抽烟、不抄作业等。这时，父母应当教导孩子坚持原则，不对的事一定不能做，让孩子知道能够做到不随波逐流是很不容易的，这正是一个人成熟勇敢的表现，也是有主见、有头脑的表现。父母要用自己的实际行动支持孩子的这种行为，让孩子感觉到只要是正确的事情，父母都会支持自己，从而不再恐惧。

◆**教孩子一些缓解压力的方法**

父母要教给孩子一些缓解压力的方法，让孩子在遇到压力时可以自行及时调节。

——让孩子感到压力时第一时间跟父母诉说，父母可以帮他及时排减压力，也可以找自己的好朋友一吐为快。

——受了委屈，不要憋在心里，想哭就哭出来，哭出来心里会好受一些，不要怕别人笑话。

——娱乐是缓解压力的好方法，让孩子学会娱乐，并保证娱乐时间，就能忘却所受到的压力，重新快乐起来。可以让孩子在每天晚饭后安排一段休闲娱乐时间，玩玩游戏、唱唱歌、跳跳舞、活动活动身体等。

——建议孩子到大自然中走一走，接受大自然的熏陶，在大自然宽大温

孩子的懂事是教出来的

暖的怀抱中，一切烦恼、紧张、压力都将置之脑后。

——大睡一觉。有时压力可能来自睡眠不足，或者长时间处于紧张的学习状态中，使孩子感到身心疲惫，无法集中精力学习，从而导致压力。可以建议孩子，去睡一觉，也许醒来后就会精神焕发，压力全无。此外，让孩子保证每天有足够的睡眠时间，否则睡眠不足会很容易感到劳累，并且不能集中精力学习，从而让他觉得精神紧张，压力倍增。

——对于那些个性太强的孩子，要告诉他，生活和学习不是竞赛，不要总是那么紧张，要学会让自己放松，学会享受生活和学习中的快乐。尤其是在考试前，教孩子正确面对考试，发挥出自己的正常水平就可以了。

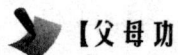【父母功夫】
审视自己的行为，减轻孩子的压力

中国疾病控制中心的一项调查统计显示，全国大学生中，有高达25.4%的人存在焦虑状态、强迫思维或行为、抑郁情绪等心理障碍；中国心理卫生协会大学生心理咨询专委会的调查也表明，40%的大学新生和50%以上的毕业生都存在这样或那样的心理问题，其中人际交往、学习压力、就业压力、情感困境是最为突出的四大"心病"。所以，专家建议，心理健康教育应从娃娃抓起，到了大学再纠正就相对困难了，孩子小时候，家长的言传身教就是最好的方法。

然而，不光是大学生，就连现在的中小学生，他们的精神压力也是很大的，他们时常处于愤怒、嫉妒、焦虑、恐惧等负面情绪的包围之中。而一个人的心理能量是有限的，整天与这些负面情绪对抗，往往会消耗大部分心理能量，这样就没能量也没时间去欣赏自己的长处，从而变得更加不自信，也更加不能容人，形成一种恶性循环，从困境中解脱的力量自然就会十分微弱。这非常不利于孩子的身心健康发展。

作为家长，我们可以反思一下，孩子的压力过大，我们是不是要负绝大部分责任，答案是肯定的。家长对孩子的期望值过高，以及对孩子不当的教养方式，都是造成孩子心理压力大的主要原因。

有的孩子天生好胜心强，这不可否认，但是作为家长还是应该反思一下自己是否有意或无意在强化孩子攀比的心理。相反，心理老师会鼓励这类孩子犯错，允许他们不考第一。因为任何人都有各自的擅长之处，不可能在所有方面自己都是最优秀的。

不少家长只看重孩子的分数和名次，只要孩子稍稍落后，家长先焦虑了，担心孩子上不了好初中，以后想要读名牌大学便无望了，所以要求孩子必须成绩好。我们来看看家长的做法：

——对孩子溺爱过度。现在的孩子大多都是独生子女，在家里就是一个"宝贝疙瘩"。父母对孩子的要求都是有求必应，吃的、穿的、用的都是最好的，从来不让孩子做家务活。过度溺爱很容易让孩子产生依赖心理，不能自立，一旦遇到问题就束手无策，在没有父母的帮助下便会感觉压力倍增。

——对孩子期望过高。期望过高就是把所有人的优点集于孩子一身，认为孩子就应该是"十全十美"的，眼睛里容不得孩子的半点不足。心态不一样，期望就不同，教育的方式和方法也就不同，所以常常要孩子在每一方面都得第一。过高的期望会给孩子带来巨大的压力，孩子为了满足父母的期望，往往会不择手段地达成愿望而不顾及别人的感受。

——对孩子管教过严。这类家长也太过注重孩子的学习成绩，孩子除了吃饭、休息之外几乎没有玩的时间，时间必须要求完全用在学习上，成绩稍有落后就会挨骂挨打。过严的管教会让孩子形成回避型的人格特质，不敢面对生活中的困难，一点小事就会让他感觉压力重重。

——对孩子行为过激。孩子在成长的过程中犯错误是在所难免的，孩子本身也有自己的不足之处，父母不要看到孩子的一点点不足或一个小小的

孩子的懂事是 教 出来的

错误就采用非打即骂的方式，更不要采用"软暴力"，对孩子漠视，置之不理，而是应该给孩子尝试的机会，允许孩子犯错误，并引导孩子改正错误，否则会让孩子产生恐惧和焦虑的自卑心理，自我贬损，自我隔离，毫无心理承受力。

父母采取以上方式教育孩子，也许孩子真的成了学习上的"尖子生"，按照父母的期望考上了重点大学，但他们的心理未必是健康的。

孩子在家长的一路保护之下成长，从未遇到过麻烦，却要求他长大后遇到困难能够迅速想到解决的办法，这根本是不现实的。说到底，孩子心理承受能力差、处理问题的能力弱，病根还是在家长身上。家长却在抱怨孩子不会处理人际关系，责怪孩子不能独立生活，殊不知苦果是自己酿成的。所以，家长确实应该审视一下自己对孩子的教育行为，给孩子成长的时间和空间，降低自己对孩子的期望值，不要给孩子施加太大的压力，按照孩子的生理和心理需求，循序渐进地引导孩子健康成长。

第8章　懂事的孩子知书达礼

明理让孩子更有教养

一个知书达礼的人，一定是一个明理的人。明理就是懂得道理，通情达理。一个是非不分、胡搅蛮缠的人，他首先不明事理，无论如何都不是一个知书达礼的人。我们的传统教育理念总是要求孩子"听话"，认为听话的孩子就是懂事明理的孩子。这种观念显然已经不能适应当今社会的需要了。因为听话的孩子可能只会盲从，而不见得知道为什么要那么做；明理的孩子善于分析每件事背后的原委，他们会在父母讲的话有道理时百分之百地服从，在父母的话不完全正确时则会与父母主动讨论、交流，这样的孩子才是既尊重父母又坚持原则的好孩子。所以，我们要教育出懂事明理的孩子，而不是只会听话的孩子。

◆用故事教育孩子明理

孩子小的时候，最爱听妈妈讲故事。妈妈可以抓住这个契机，让故事愉悦孩子身心的同时，帮助孩子明白一些道理。如今的独生子女见了喜欢的食物只顾吃独食，或者先把好的挑了吃，丝毫不懂得礼让。此时，正是妈妈给孩子讲"孔融让梨"这个故事的好时机。

如果孩子一时还不知道应该怎么做或做不好，父母不要着急，也不要责怪孩子，因为让孩子明理本来不是靠讲一两次故事就能做到的，父母可以在一段时间内将这个故事作为饭前或吃点心前的保留节目，多给孩子讲几次，还可以请孩子给大家讲一讲，这样孩子的印象更深，慢慢就学会了谦让。

同样的道理，可以让孩子从"黄香温席"的故事中懂得孝敬长辈，从"一诺千金"的故事中懂得信守承诺，从雷锋叔叔的故事中懂得勤俭节约……当然，故事的选择要适合孩子的年龄特点，要让孩子能听懂，能明白其中的道理，并鼓励孩子温故知新、学以致用，引导孩子在多种类似的场合中以一个道理来规范自己，逐渐形成自觉的行为。

◆让孩子在亲身体验中明理

动手做事是孩子成长发展的基础，也是开发孩子智力、提高审美能力、培养品德的基础。现实生活中，父母往往给孩子讲做事做人的道理，忽略了让孩子亲自动手去做、亲身去体验，更忽略了对孩子做事情的具体指导，以致孩子对父母的滔滔不绝置若罔闻。有的孩子把父母不停地讲道理视为唠叨，很是反感，让做父母的非常困惑。事实上，父母的言传身教是影响孩子成长的外在条件，而孩子的亲身体验是孩子成长的内在动力，所以父母既要重视言传身教，更要重视指导孩子的亲身体验，让孩子在动手做事中成长，在成长中更好地做事，指导孩子在做事中明理，使孩子成人成才。

有智慧的父母懂得孩子手脑结合、身心和谐发展的重要性，他们能够创造条件满足孩子"想自己做事"的需要，给孩子多一些动手做事的机会，而不是用自己的包办剥夺孩子成长的机会。比如，让孩子把玩具拆了再装上，让孩子自己修理小闹钟，可以帮助孩子懂得创造需要知识的道理；让孩子参与家务劳动，勤俭节约，可以使孩子知道物质和金钱需要劳动来创造的道理；让孩子和同学一起制作一个军舰模型，能够让孩子明白合作的重要性。另外，在孩子做事的过程中要给予积极的具体指导，特别是在孩子失败受挫的时候，父母一定要及时给予鼓励和肯定，使孩子意识到"我行，我能做好"。让孩子亲自动手去做，可以使孩子更快地明白一个道理，这个道理也会永远刻在孩子心里，这比没完没了的说教效果要好得多。

◆读书让孩子明理

阅读优秀的文学作品，能让人增长知识、懂事明理、提高修养、丰富情感。所以，父母要引导孩子多读书、读好书，才能使孩子有爱心、行为文明、礼仪规范，才能让孩子分清美丑、识别善恶、明辨是非。因为"好的书籍是最贵重的珍宝"，"读一本好书，就是和许多高尚的人谈话"，"读过一本好书，像交了一个益友"。父母可以为孩子选一些漫画、名著、寓言、童话、儿童文学、讲道理的书，这些书中的主人公会用自己的智慧和本领感染孩子，孩子自然而然就会获得道理和才干。

孩子大一些时，读名著对孩子明理非常有帮助。因为名著是能够经受住时间考验的书，是亿万读者多少年来能从中得到启迪而阅读的书。名著能开阔孩子的眼界，帮助孩子成长，还能帮助孩子洞察自己的内心世界，了解生活，认识自己。当然，孩子可以从许多书中得到乐趣，一部名著会把孩子带到更高的境界，让孩子明白自身的价值和生活的意义。比如，《钢铁是怎样炼成的》生动地刻画了主人公保尔·柯察金曲折而坚强的一生，对培养孩子坚强的性格具有积极的影响，同时能帮助孩子认识到人生需要拼搏的意义。《鲁滨孙漂流记》中，主人公一个人都能在荒无人烟的地方生活28年，能打败野人，最终还能回到祖国的怀抱，可以让孩子明白任何时候都不要轻言放弃的道理，懂得生命的可贵和活着的意义。

引导孩子在读书中明理，在明理中做人做事，孩子才能拥有更深的涵养、更好的气质、更优雅的情趣。

对孩子进行文明礼仪教育

当我们见到一个孩子举止文明、很懂礼貌时，我们会认为他很有教养，也会从内心里喜欢他。可见，一个素质高、有教养的人被人尊重，受人欢迎，被众人接纳的程度高。相反，缺乏教养、不懂礼仪的人，人们采取不欢迎的态度，他也很难与人友好相处，就更谈不上发展事业了。所以，家庭教

孩子的懂事是**教**出来的

育要重视对孩子进行文明礼仪教育,让孩子成为有教养的人。

◆礼仪教育从小开始

现代社会对人的文明礼仪要求比以前更高了,因为文明礼仪是社会文明程度的重要标志。然而,我们的孩子在文明礼仪方面的表现却并不尽如人意。如果任这些孩子就这样发展下去,他们长大后绝不能成为一个文明之人,正所谓"少成若天性,习惯成自然"。所以,我们需要从孩子小时候就培养他们的文明礼仪习惯,让文明礼仪之花伴随孩子一生的成长。

一些家长认为,孩子还小,懂不懂文明礼仪没关系,只要学习好、长大有真本事就行了。这些家长只要多关注一下伟人名人的故事,留心一下周围事业有成的人,注意一下大众传媒,就能知道取得成就的人没有不懂文明礼仪的。还有一些家长认为,小孩子天真无邪,应该自由发展,长大了自然就懂得文明礼仪了,这也是错误的认识。因为孩子从小养成不良的习惯,再改就很难。试想想,孩子现在说话没大没小,家里来客人不懂礼貌,饭桌上挑挑拣拣,指甲长了不剪……如果不教育,还能指望他会在某一天早上突然变个样吗?同时,孩子小时候培养文明礼仪习惯,与孩子的天真无邪并不矛盾,越是懂礼仪的孩子,越能获得自由发展的广阔天地,因为他是受人们欢迎的人。

家长不能再犹豫了,尽早对孩子进行文明礼仪教育,孩子才能从容地登上"大雅之堂",并成为受大家欢迎的人。

◆个人礼仪教育

个人礼仪包括仪容仪表、仪态举止、谈吐、着装等几个方面。父母要教育孩子讲究仪容仪表,脸手都应洗得干干净净,勤洗头发,经常剪指甲,早晚刷牙,经常洗澡、换衣服;注意仪态举止,站立姿态优美,身体直立、挺胸收腹,给人以挺拔、精神的感觉,走路挺胸抬头、不要摇摇晃晃,在人前不可随便剔牙、挖鼻、搔痒、抠脚等;与人说话要态度诚恳,使用文明用语，不能沉默无言，也不能喋喋不休，还要认真倾听对方讲话；着装要干净、整洁、合体，不要皱皱巴巴，否则给人一种很不利索的感觉。另外，接听电话时，教孩子先说"你好，请问找谁"，并鼓励已经会写字的孩子记下来电者的口信；告诉孩子不要大声叫嚷，幽默地对孩子说"你大声叫嚷，别人的耳膜会被你震聋的"，并且让孩子知道接电话时要有问有答，不要一边吃东西一边接电话，说完话后要学会说"再见"，然后再挂电话。

当然，对孩子进行个人礼仪教育时，要根据孩子的年龄特点，把适合孩子那一阶段的礼仪教给孩子，随着孩子年龄的增长，循序渐进地教育，同时要注意教育方式的趣味性，如可以通过读故事、编儿歌、教育孩子亲身体验等方式，使孩子在快乐中学到文明礼貌。比如，孩子不爱刷牙，可以用儿歌引导孩子刷牙；孩子爱说一些不文明的话，可以给他讲文明用语的重要性。这样，孩子就会慢慢养成良好的个人礼仪习惯。

◆ **公共场所礼仪教育**

公共场所的礼仪教育，父母首先要教孩子走在大街上不随地吐痰，不大喊大嚷，不乱扔垃圾，并遵守交通规则。其次，教孩子遇到熟人要打招呼，与熟人交谈时应靠边或到角落谈话，不能站在道路当中或人多拥挤的地方。再次，要教孩子懂得礼让，主动给长者和残疾人让路；向别人打听道路先用礼貌语言打招呼，如"打扰您一下""请问"等，还应适当称呼"爷爷""阿姨""姐姐"等，别人指路后一定要说"谢谢您！"最后，购物时，不可以"上帝"自居，要用礼貌语言，不要用"喂""嘿"等字眼，购物之后也应说"谢谢"；外出就餐时，不大声吵闹，不到处乱跑；在影剧院，不乱扔纸屑、果皮，如果迟到，入座时走姿要低、速度要快，看真人演出要尊重演员，适时礼貌鼓掌；乘坐公共汽车、火车时，上车不要抢座，要为老人、小孩和残疾人让座，人多拥挤时不要恶言恶语，同时要保持车上卫生环境。

孩子的懂事是 教 出来的

公共场所的礼仪教育最好的办法就是让孩子亲身参与,在公共场所对孩子进行实地教育。比如,孩子走在路上时想把手里的雪糕纸扔到路上,可以及时告诉孩子那样做不文明,也不环保,让孩子把垃圾扔到垃圾箱;还可以故意让孩子去问路,实践一下如何用文明语言和陌生人交流。当然,这一教育也要遵循孩子的年龄特点,从简单地教孩子说"请"和"谢谢你"入手。对于稍大一些的孩子,可以向他解释正确称呼年长者、公共汽车上让座或离开众人时说声"抱歉"的重要性,并把相应礼节教给孩子,使他在日常生活中进行巩固,孩子也能养成良好的公共场所礼仪习惯。

◆待客与做客礼仪教育

家中要来客人时,可以和孩子一起做一些准备,如把房间收拾整洁、买一些水果、提前做好饭等,让孩子感知这是对客人的一种尊重,也是一种待客之道。小一点的孩子,可以教他在客人进屋时礼貌称呼,并拿水果给客人吃,客人走时说"再见"。上学的孩子,可以教他迎接客人进屋,帮助客人放衣物,问客人喝什么饮料并主动双手送上,还要主动、大方地与客人交谈,客人要走时应礼貌挽留,说"您再坐一会儿""再喝杯茶吧"等,同时起身,说"再见""欢迎您再来"等。

带孩子走亲访友之前可以教孩子一些基本的做客礼仪。比如,除了教孩子说"你好""谢谢""请"等基本的礼貌用语外,节日里不妨按照传统习惯教孩子一些"新年好""恭喜发财"等吉利的话;告诉孩子不要在主人家中四处奔跑、乱碰东西,要在主人的引导下参观房子,尤其叮嘱孩子不要乱摸乱动主人家一些易碎、较珍贵的物品;用餐时提醒孩子要等所有的人都入座后才能吃饭,不要用手拿食物;让孩子知道,收到压岁钱或是礼物后一定要真诚地说"谢谢",即使不喜欢别人送的礼物或家中已有的东西,也要表示谢意;如果主人家也有孩子,还要教育孩子主动与主人家的小朋友分享玩具、食物等;告别时,要说感谢的话,如"今天真高兴""欢迎到我家去"

等。另外，要让孩子知道，去亲友家做客要仪表整洁，尽可能带些小礼品，以表示对主人的尊重。

有一句流行语叫作"细节决定成败"，孩子的礼仪本来就是在日常生活的小事中逐渐形成的，所以父母要从细节上下功夫，有步骤、有计划地把"仪容仪表之礼""言谈举止之礼""餐饮之礼""待客做客之礼""游览之礼"等的具体做法教给孩子，并有意识地让孩子在亲身经历中实践所学礼仪，或在家里尝试进行"情境操练"，让孩子在实践中学习相应礼节。之外，父母要以身作则，给孩子做一个礼仪的榜样，并及时鼓励孩子的文明礼仪行为，纠正孩子不讲文明礼仪的行为，这样就能逐步培养起孩子文明礼仪的习惯，帮助孩子成长为一个有气质、有风度、有教养的现代文明人。

教出善解人意的孩子

善解人意，意思就是懂得换位思考，能体谅人、体贴人。心理学家把善解人意分解为三个方面：一是有理解别人的愿望；二是有理解别人的能力；三是做出良性反应。举个例子，家里人有烦心事，我们不是视而不见，而是设法去了解他发生了什么事，这就是理解别人的愿望；有时别人并不想把心里的事说出来，但我们从他的表情、只言片语中可以大致知道他的心事，这就是理解别人的能力；理解了，想办法去安慰他，这就是做出良性反应。从这个"分解"中可以看到，善解人意是一种很重要的心理素质，在协调家庭成员的关系、调适社会人际关系中有很大的作用。

事实上，善解人意的实质就是理解别人。我们说善解人意的人通情达理，大家也愿意与这样的人交朋友。孩子学会了善解人意，便能与家庭成员和谐相处，人际交往中也会减少摩擦，消除怨恨，彼此加深了解，增进友

孩子的懂事是 教 出来的

谊。一个善解人意的孩子是懂事的，是受大家喜爱与欢迎的。有研究发现，18月龄的婴儿已经可以感受父母的情绪，4岁的孩子能够做出安慰和照顾他人的行为，而且可以区分出他人的感受和自己不同。大多数这类反应是自然发生的，但是父母还要有意识地培养孩子善解人意，为孩子的情商加分。

◆激发孩子理解别人的愿望

帮助孩子建立理解别人的愿望，就要让孩子懂得，每个人都需要别人的理解、关心和体贴。而我们目前的家庭教育方式很不利于培养善解人意的孩子，因为不少父母一味疼爱孩子，孩子只知道接受别人的关怀、体贴，不知道还应关怀别人、理解别人，日子久了，孩子便会形成小气、内向、离群的性格。另外，对孩子的要求和意见只是满足和顺从，也导致孩子不会去理解和体谅父母的难处，更不懂得理解别人。所以，想培养善解人意的孩子，父母就应该改变这种不完善的教养模式，在给孩子各种爱的同时，让他们学会分享，学会赞美别人，学会理解他人的失误，学会照顾需要帮助的人，学会爱别人、同情体贴别人。有了这个基础，才能激发孩子了解别人的愿望。

◆教孩子学会换位思考

其实，站在每个人的立场来看，他们都是对的，只不过每个人都坚持自己的想法或意见，无法将心比心、设身处地地为别人着想，冲突与争执因此就在所难免了。如果有一颗善解人意的心，凡事都以"你是对的"来先为别人着想，那么很多不必要的冲突与争执就可以避免了。

父母要把教会孩子换位思考融入生活小事中，抓住各种契机对孩子进行教育。比如，孩子的好朋友过生日，请了好几个小伙伴，但孩子却不在其中，妈妈可以安慰孩子，可能是因为他家的客厅比较小，也可能是小椅子不够多，所以不能请所有的好朋友都参加；小伙伴抢了孩子的玩具，妈妈可以告诉孩子，这是因为小弟弟特别喜欢你的玩具，也说明你的玩具真的很好，你应该原谅小弟弟；妈妈去幼儿园接孩子时晚了一会儿，可以告诉孩子，因为妈妈要忙着给宝宝和爸爸准备晚餐,请宝宝谅解;爸爸这次没有给宝宝买玩具,是因为最近爸爸的收入剩余不多,要保证宝宝和爸爸妈妈的日常生活。这种经历多了,孩子就能逐渐养成善解人意的好习惯,以后再碰到挫折或不如意时,他就会找到自我安慰的理由,舒缓心情、释放压力。

◆**教孩子学会宽慰别人**

善解人意,还在于善于体察他人的心境,并给予他人宽慰。比如,父母要让孩子知道,亲人、朋友、同学等都有碰到困难、遇到烦恼的时候,这时候如果能给予理解、安慰和帮助,那无异于雪中送炭。比如,不缠着心情不好的妈妈和自己玩,并对妈妈说"没关系,明天就会好的",这就是对妈妈的宽慰;对这次考试没考好的同学说"努力吧,下次一定没问题",也是对同学的宽慰;对感到自卑的好朋友说一句"你行的",同时是对朋友的宽慰……这些非物质化的精神兴奋剂,既不要花什么金钱,也不要耗多少精力,而对需要帮助的人来说,却是旱天的甘霖、雨中的花伞。

美国文学家切斯特菲尔德说:"用你喜欢别人对待你的方式去对待别人。"我们当然都希望别人的理解、同情和尊敬,推己及人,就应该理解、同情和尊敬他人。有位诗人说,能理解和同情别人的人,是伟大的人;能宽慰别人的心,是崇高的心。让我们的孩子具有善解人意的心理品质,让他们在平凡处显出崇高。

培养女孩的高雅气质

气质是一个人内在修养的外在表现,是一种人格魅力。气质不是自己说出来的,也不是装出来的,更不是靠化妆品涂抹出来的,而是长久的内在修养及文化修养的一种结合,是持之以恒的结果。它是通过一个人对待生活的态度、个性特征、言行举止等表现出来的。气质外化在一个人的举手投足之间，走路的步态，自信的程度，待人接物的风度，皆属气质。

女孩的高雅气质就是仪表得体，落落大方，谈吐优雅，举止端庄，不卑不亢，受人尊重。培养女孩的高雅气质，父母需要从生活的点滴入手，注意培养女孩高贵的品质、自信的个性，丰富女孩的知识，增长女孩的见识，加强女孩的自身修养，使女孩成为一个善良、崇高的人。

◆**提高女孩的知识素养**

要培养高雅的气质，首先要有深厚的文化底蕴，和别人谈起话来思路流畅、言语得体，而要做到这一点，必须具有丰富的知识。知识改变气质，一个有知识、有文化、有内涵的女人，谈吐不俗，仪态大方，无论走到哪里都是一道亮丽的风景线。一个女人在拥有了丰富的知识之后，就会变得非常优秀，因为知识陶冶了她的情操，让她变得温文尔雅、善解人意，气质中自然就显出高贵了。这里的知识，不仅仅指书本上的知识，还包括生存本领，以及适应家庭、工作、社会变化的能力。想让女孩长大后成为这样的人，从小丰富知识、提高知识素养是必要的途径。

父母要在孩子小时候就多带她在大自然中玩耍，观察大自然中的花草树木和各种小动物，在丰富孩子知识的同时陶冶孩子的情操。父母还要给孩子讲各种故事，引导孩子多读好书，多看唐诗宋词，多读优美散文或小说，多看世界名著，帮助孩子在阅读中获取知识，开阔眼界，提高修养。同时，要引导孩子看报纸、新闻、上网，获得最新知识。

◆**加强女孩的自信**

女孩是否具有高贵气质，很大程度上取决于她是否拥有自信。一个自信的女孩，她的言行举止之间自然会蕴含着超乎常人的坚定、果敢、自豪等气质，而这恰恰是形成高贵气质的基础。

走路时抬头、挺胸、收腹，能给人一种很精神、很自信的感觉。因此，父母一定要让女孩从小就养成抬头挺胸的走路习惯，这是培养女孩高贵气质的最基本要求。同时，说话的速度适中，不快也不慢，也是自信的表现。说话太快，给人一种急躁、紧张的感觉；说话太慢，给人一种拖泥带水、不利索、反应迟钝的感觉。这都与高贵气质沾不上边。所以，父母要训练女孩说话的速度，让谈话的成功为女孩的气质加分。另外，女孩的穿着打扮要时尚得体，这也是给人好印象的关键。父母要教女孩从小懂得一些穿着搭配技巧，告诉孩子穿适合年龄特点和个性风格的衣服，但不一定非要是名牌。

一个女孩的家境并不富裕，不能像其他女孩一样拥有漂亮的衣服。但是，妈妈的编织手艺却是一流的。女孩小时候就和妈妈一起编织服饰，她不但心灵手巧，而且身上的衣服件件都能博得众人的羡慕，女孩也很为自己的"时尚而不庸俗"感到自豪，她觉得自己就是一个真正的小淑女。

◆ **增长女孩的见识**

一个人是否有气质，还要在于她是否有广博的见识。试想，一个别人说什么她都不知道的人，即使她外表看上去还不错，但腹内空空，说话就显得没有水平，就算长得再漂亮也不会成为有气质的人。女孩的见识广，判断能力就强，这样就不会被外界的种种诱惑所吸引。增长见识的方法有很多，如旅行、读书、与人交往等。

当然，平时多带女孩去图书馆看书，或者引导她读各类书籍，让她多与同龄人交往，孩子也能从中获得知识，增长见识。

◆ **培养女孩的艺术素养**

艺术素养能提高一个人的气质。如果女孩的身上透露着一种艺术气息，我们会觉得这个孩子很有气质，而且很高贵。所以，父母要让女孩从小适当学习琴棋书画、唱歌、跳舞等艺术特长，即使孩子将来不能够成名成家，最起码孩子具备一定的艺术素养和艺术细胞，举手投足间也都会带着优雅和高贵。

如果家庭条件不允许女孩发展艺术特长，也可以让她听听音乐，欣赏别人的画作、舞蹈等，提高女孩欣赏美、发现美、创造美的能力，使女孩成为美的化身，锻炼和塑造女孩的气质，增强其生活情趣和品位。比如，不少家长会给孩子听一些琵琶曲、古筝曲等中国民族音乐和一些欧洲古典音乐，还有一些适合互动游戏的童谣、少儿音乐等，以此来培养孩子高雅的气质和审美情趣。

培养男孩的绅士风度

绅士风度，指的是讲究仪容和服装整洁，言行举止彬彬有礼、文雅大方，文明用语、礼貌待人，不做任何越礼之事。其中，文明用语"请""您""谢谢""对不起""再见"等是绅士风度的一种礼貌表现，也是绅士风度最起码的标准，特别能透露一个人的教养和风度。

想让男孩长大后成为真正的绅士，父母就必须在男孩小时候培养他的高贵品质、坚强意志、担当精神和文明举止，不断提高男孩的气质修养，使他赢得别人的尊重，建立自信，从而取得更大的进步。

◆ 培养男孩坚强的意志

一个真正的绅士，他有着坚强的意志，不会一遇到困难、挫折和压力，就一味退缩。试想，一个男人，遇事总是软弱无能，甚至寻求女人的保护，那么他在人们眼中就失去了男子汉的气概，谁也不会喜欢这样的人。

孩子只有在失败中一次次地尝试，才能找到正确的方法、正确的方向，这不只是教孩子学习的能力，同时锻炼了孩子坚持做完一件事的意志，也教会了他一种人生态度。

◆**教育男孩尊重女性**

如果一个人在生活中时时处处都很尊重别人，尤其是尊重女性、保护女性，他就是人们心目中的谦谦君子。

男孩的这种保护女性、尊重女性的意识源于小时候奶奶的教育，他的做法也让我们看到了一个小绅士的风度。

平时的生活中，父母也应该对男孩进行这方面的教育。现在的孩子都是独生子女，也许不能像例子中的哥哥一样照顾妹妹，但父母要告诉他们，尊重女性、保护女性是男人的责任，可以让男孩在和女孩的玩耍中有意识地照顾、保护女孩，也可以让孩子在家里照顾奶奶、妈妈等，从小培养孩子对女性的责任感。这样，孩子长大走入社会后，才会尊重女性同事、女性朋友、女性客户，以及自己的妻子儿女，甚至是陌生人，为自己的人格魅力锦上添花，为自己赢得更好的人缘和更加幸福的生活。

◆**细节中彰显风度**

风度往往体现在日常生活中的细节之中，比如小男孩拉过小妹妹受伤的手为她吹吹、公共汽车上给一个比自己更小的孩子让了座、给被孤立的同学一个微笑、被朋友误解时只说了一句"没关系"、上电梯时按着开门按钮直到所有人都上来等，这些都是一个男孩有风度、有教养的举止，也是父母需要教育孩子的内容。

一个小小的礼貌行为或文明举动，都能彰显风度，都能赢得赏识。因为大家都知道"见微知著"的道理，也很重视这个道理。父母若能从小事对孩子进行绅士风度的教育，这样长年累月下去，孩子身上的每一个地方就都会充满文明礼仪的气息，他的一举手、一投足就都能自然而然地带着绅士风度，从而受到别人的赞赏，也为自己增添信心。其实，只要父母用心去做，

孩子的懂事是 教 出来的

抓住生活中的教育契机，从细节入手进行培养，孩子一定可以成为一个小绅士。

当然，培养男孩的绅士风度，增长男孩的见识、培养男孩的自信等也是不可少的，这和培养女孩高雅气质的方法一样，在这里就不多叙述了，父母可以参考"培养女孩的高雅气质"一节中的做法。

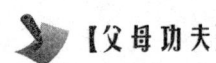

【父母功夫】

做有教养的父母

要培养有教养的孩子，首先要让孩子生长在一个有教养的环境之中。也就是说，父母必须首先有教养，给孩子一个良好的家庭氛围。父母有教养，孩子耳濡目染，当然也差不到哪儿去，但是父母如果缺乏教养，孩子则必然倒霉。如果父母平常行为粗暴、爱说脏话、喜欢赌博、常常酗酒、不孝敬自己的父母等，那么孩子也会成为像父母一样的人。所以，父母需要改变自己的行为，提高自己的修养，为孩子做一个好榜样。

◆学习新的教育理念

随着时代的发展，现代家庭教育理念也增添了不少新的东西，如果父母总是抱着以前的"棍棒政策"，不仅不能教育好孩子，而且会招来孩子的反抗。所以，父母要认真学习教育创新理论和方法，树立科学的亲子观，要有育儿理想、信念、决心和信心，但又不必紧张，有一颗平常心就行了。同时，要有虚心好学的精神，愿意接受别人的指导意见，不要自以为是、固执己见，要通过学习和交流，逐步深入地领悟教育的真谛。另外，要有"活到老，学到老"的思想，不断学习新知识，接受新观念，家里要经常买书订报订杂志，并养成天天阅读的习惯，为孩子做榜样。

◆不断完善自己的性格

虽说人的性格非常稳定，不易改变，但不等于说成年人不能提高性格修养。孩子的性格形成靠父母的影响和指导，成人的性格修养靠自己的高认知水平和坚强的意志力。只要自己想去完善，并能勇敢地迈出第一步，然后坚持去做，就一定能够做得到，性格品质也就可以大大改善。比如，妈妈平时表现得不太自信，孩子的学校请妈妈去做个节目，而妈妈当着孩子的面说自己没有胆量去做，害怕自己做不好，说自己会紧张，这样做会把一种不自信的态度传递给孩子，让孩子也变得不自信。这时，妈妈可以通过多种途径来提高自己的自信心，同时可以让孩子知道妈妈是怎么做的，并可以让孩子监督妈妈坚持做下去，这样一方面提高了自己的自信心，同时也提高了孩子的自信心，一举两得。

如果经常能这样和孩子一起完善自己的性格，也就给孩子营造了一个非常有利的生长环境，在这种环境中成长起来的孩子，他的性格必定也是健康的。

◆ **克制自己不生气**

生气是教育孩子过程中的一个最普遍的问题，绝大多数父母都有过生气的经历。因为孩子的一些不讨人喜欢的表现，总会让人不由得对孩子加以训斥、和孩子争吵，甚至干脆和孩子进行冷战。还有一些本来脾气就暴躁的父母，他们小时候在家里领教的就是父母不打骂不成器的教育模式，所以他们会依葫芦画瓢地把这种方式重演到孩子身上。总之，小问题小生气，大问题大生气。

其实，父母们都不惜竭尽所能地为孩子全心付出，却总在亲子关系互动上猛栽跟头，他们也不知道为什么，前一秒还在告诫自己要尊重孩子的意愿，动之以情、晓之以理地跟孩子谈谈心、讲讲理，下一秒就因为孩子的表现并不符合期望而暴跳如雷。然而，发怒并不能解决任何问题，相反会带来亲子关系上的伤害。长此以往，孩子会对父母产生惧怕及反感，形成缺乏自我认同的回避型人格，无法在社会活动中更好地与人交往和实现自我价值，

孩子的懂事是**教**出来的

甚至做出极端憎恨父母的行为,如不论事情大小都一味反抗、拒绝和父母沟通、发生肢体冲突甚至离家出走的现象。所以,父母要学会克制自己的情绪,跟孩子相处时应该做到尊重、诚信、沟通和宽容,不要让孩子在你的怒火中受到伤害,也不要让孩子学习到你身上爱生气的不良习气。

◆学习一些教育艺术

其实,这位妈妈的做法是不妥当的,她就是在教孩子背礼貌,而没有教会孩子发自内心地感谢别人,同时还惹得孩子不高兴。她完全可以不这么粗暴地教孩子懂礼貌,她可以说"谢谢你送给孩子这么好的礼物",那么小强也会跟着说"谢谢"。如果小强没说,妈妈可以随后单独同小刚一起时温和地解决,可以对小强说:"阿姨想得真周到,她送礼物给你,我们应该感谢她,说明我们也是礼貌的,我们也想着她,她一定会高兴。"这虽然比直截了当地制止要费事一些,但是更有效,这正是教育中的艺术。

礼貌教育的环境本身应该是讲礼貌的。孩子接触的家庭成员之间若能相互体谅,孩子就能学会体贴他人。然而,有些家长却常常难以做到这点,他们常常急不可耐地要孩子说"再见",或者大声呵斥:"你怎么不谢别人?"其他方面的教育也一样,父母只要懂得教育的艺术,采取一定的教育技巧,孩子是很容易变得懂事的。

总之,要教育孩子有修养、有气质,父母首先要以身作则,用自己良好的修养和气质影响孩子,并把对孩子的教育融入日常生活之中,教育一个知书达礼的孩子也不是一件难事。

第9章　懂事的孩子懂得感恩

懂得感恩的孩子最美

　　自古以来，中华民族就有着知恩图报的优良传统。"谁言寸草心，报得三春晖""吃水不忘挖井人""受人滴水之恩，当以涌泉相报"……这些讲的都是要感恩。不懂得感恩的人，他们是自私的、冷漠的，即使整个世界都盛开鲜花，他们也看不到生活的美好，还是会抱怨和挑剔。懂得感恩的人，他们是善良的、宽容的、谦逊的、坚强的……所有的优点和美德都能在他们身上发光。一个懂得感恩的孩子，他能看见父母的辛苦，能感受到朋友的关心，能体会到生活的美好，能看懂陌生人的微笑，他还能尽己之力把自己受到的恩情传递给别人，我们能说这样的孩子不是最美的孩子吗？不能，他是天底下最美的孩子。

　　懂得感恩的孩子，除了要用自己的实际行动把恩情化作充满爱意的行动，还要懂得感恩不等同于一般的"投桃报李"，你给我一口水，我就给你一颗糖，它还是一种责任。

　　懂得感恩的孩子，还应该理解感恩是一种生活态度，是一种生活境界，是获得幸福的必要基础。

　　心理学家们普遍认同这样一个规律：心改变了，态度就跟着改变；态度改变了，习惯就跟着改变；习惯改变了，性格就跟着改变；性格改变了，人生就跟着改变。感恩的心能改变我们的态度，能带动我们的习惯，能升华我们的性格，能让我们收获美丽的人生！所以，为了让孩子拥有一个幸福的人生，父母就教孩子从小学习恩感，让孩子从小就获得一颗感恩的心吧！

孩子的懂事是**教**出来的

让孩子从感恩父母做起

父母给了我们宝贵的生命，用爱把我们抚养长大，"父母恩情大于天"，我们应该感激父母。然而，不少孩子却从来不懂得这个道理，他们认为父母为自己所做的一切都是天经地义的，不知道还要感恩。甚至有的孩子经常抱怨自己的父母不像别人的父母一样开公司，有钱，有个体面的工作，更甚者动不动就威胁父母自己要离家出走或要死要活的。这里的根源，就是孩子不知道要感恩，更不知道为什么要感恩，当然就谈不上如何去感恩了。一个不懂得感恩父母的孩子，也绝对不会感恩老师、朋友、生活、祖国，所以感恩教育应该从感恩父母开始。这就需要父母从生活的点滴入手，让孩子知道感恩是一种情怀、是一种基本的道德，让孩子知道感恩的人才受大家欢迎，才能获得美好的生活，并教给孩子如何去感恩。

◆ 让孩子在爱中成长

一项研究显示，在缺乏爱的环境中成长起来的孩子，长大后更容易变得自私、冷漠、具有攻击性。专家表示，感恩教育首先是爱的教育。在充满爱的家庭中成长起来的孩子，更懂得关爱别人及感恩。这里说的爱，是适度合理的爱，绝不是那种"溺爱"。

首先，这种爱体现为不以成人的标准要求孩子。父母要了解孩子每个阶段的成长规律，这样才知道孩子的做法是合理的，不再对孩子不耐烦，不再指责孩子，让孩子在温暖的环境中成长。比如，孩子玩捉迷藏时，每次都藏在门背后，让爸爸反复地在同一个地方找到他，每一次被找到都会快乐地大笑。孩子热爱这个游戏，因为他还不知道爸爸就在门外面，要通过反复地确定，确定爸爸在那里，爸爸的爱也永恒地存在着，这是成长必需的东西。所以，父母不要觉得孩子反复这样做很烦，如果因此对孩子大发脾气，就会搞得大人和孩子都不愉快。

其次，这种爱表现为宽松愉悦的家庭氛围。家庭成员之间相亲相爱的关系，父母以平等的态度对待孩子、尊重孩子，孩子有自己独立的玩耍空间，父母重视孩子的成长胜于孩子的成绩……这些都能让孩子感受到一种"润物细无声"的爱。在这种爱的环境中成长，孩子会对亲人产生一种依恋和信任，他们会珍惜自己得到的爱，同时会以各种方式回报这份爱。

获得爱的孩子没有逆反心理，自然就会关心别人，因为他的生活环境告诉他，什么是爱，什么是爱别人。从小体会不到爱的孩子，往往自私、冷漠，不知道什么是感恩，也就不会去感恩，哪怕是对自己的父母。

◆**让孩子懂得父母的不易**

现在的孩子，聚在一起往往吹嘘自己的父母地位怎样显赫，怎样日进斗金，却不知道父母真实的工作状况，不知道父母工作的辛苦，更不知道父母的钱是何等的来之不易。所以，我们在教育孩子学习感恩时，一定要让孩子明白父母的艰辛，这样孩子就能从内心里体谅父母、感激父母。父母可以有意识地把孩子带到自己的工作现场，让孩子一起参与劳动，让他亲身感受父母工作的艰辛，挣钱的不易。父母还可以在家庭中开展"角色互换"的亲子游戏，让孩子当一天"家长"，请孩子"倒水""做饭""打扫卫生"……让他体验做父母的辛苦，也让孩子明白，平时自己的这些娇惯行为是不正确的。通过当一天的家长，他日后再发生类似行为时，就会先想一想，"我这样叫爸爸妈妈给我做这做那，他们是不是很辛苦"，有了这种意识，孩子就会慢慢体谅父母、理解父母的艰辛，从而学会感恩父母。

◆**让孩子明白父母没有向他索取回报**

不少父母常常会在孩子面前说："爸爸妈妈这么辛苦还不都是为了你！"父母说这话，其实只是想强化自己付出得多，让孩子明白父母的良苦用心，刺激孩子感恩的意识。事实上，效果却恰恰相反，这给孩子造成了一种心理负担，它暗示了"我付出给你，你要偿还"的意思，这样孩子就会感觉到父母为自己的付出是需要自己有一天去偿还的，而不是出于无私的爱。有了这种思想，孩子怎么可能心甘情愿地去感恩，就算回报，也只是出于应付，而不是出于真心。所以，生活中，父母一定不要给孩子输入一种你向他索取的思想，而是要通过各种方式让孩子明白，你给他的爱是最无私的，是没有任何附加条件的，是任何人也不能代替的。

◆**给孩子创造感恩的机会**

教育孩子感恩，就要给孩子创造感恩的机会，否则孩子是不会知道什么是感恩的。父母可以从生活细节入手，给孩子提供感恩的机会。比如，让孩子帮忙饭后洗碗，给爸爸捶背，节日里让孩子制作个小卡片表示祝贺，让孩子记住父母的生日，自己过生日时也别忘记给父母一份礼物……从这些点滴小事做起，孩子逐渐会拥有一颗感恩的心。

◆**让孩子知道感恩父母不只是尽孝道**

感恩的意思就是"谢谢给予"，我们通常认为感恩父母就是要对父母尽孝道，这种认识是片面的。感恩不只是报答、回报，它讲的是一种人际关系，是人与人之间情感的一种表达。它不是给父母洗一次脚、端一次茶那么简单，它也不是虚无缥缈的，而是懂得给予和珍惜，是在生活的点点滴滴中慢慢养成的一种心态，是心中的一份爱。

父母要把这个道理讲给孩子听，并且要通过智慧的方式让孩子把父母付出的爱和孩子感受的爱联结起来，让这份爱双向流动，流向彼此的生命深处，并用心领会彼此是相爱的。这样，孩子才能从内心深处爱父母。

在孩子心里播下感恩的种子

没有阳光，就没有温暖的日子；没有雨露，就没有五谷的丰登；没有水源，就没有生命；没有父母，就没有我们；没有亲情、友情和爱情，世界将会是一片孤独和黑暗。我们生活在这个世界，一切都对我们赐予了恩情，都需要我们去感恩。除了父母的恩情，还要让孩子知道，我们还要对太多的人和事去感恩，感恩老师传授给我们知识，感恩朋友给了我们动人的友谊，感恩危困时刻陌生人向我们伸出温暖的双手，感恩祖国让我们做自豪的中国人……如果我们把这些感恩的种子在孩子很小的时候就播种到他的心田，平时多加呵护，浇水施肥，这棵感恩的种子必将长成一棵参天大树。

◆感恩老师

教师被人们称为"园丁""人类灵魂的工程师"，是受到全社会尊重的一种职业。教师担任着传道、授业、解惑的神圣职责，站在三尺讲台上为孩子们传授知识，给孩子们讲做人的道理。古今中外，许多取得巨大成就的人都非常注重感谢老师。马其顿王亚历山大大帝说："我尊重亚里士多德如生身之父，因为如果说我的生命属于父亲，那么赋予生命价值的所有一切都属于亚里士多德。"

1959年，毛泽东回到阔别32年的故乡韶山，他特意邀请自己在私塾读书时的老师毛禹珠一起用饭，席间热情为老师敬酒。毛禹珠不胜荣

孩子的懂事是 教 出来的

幸，感慨地说："主席敬酒，岂敢岂敢！"毛主席却笑盈盈地回答："敬师尊贤，应该应该！"

老师是给予我们知识的人，是给予我们打开知识宝库钥匙的人，所以父母要教育孩子感激老师的教诲之恩。教育孩子感谢老师，要从小事做起，比如见了老师要问好、尊敬老师、不给老师添麻烦、替老师擦黑板、给老师倒茶等。尤其要教育孩子好好学习，回报老师的教导。

在教师节这个特殊的日子，让孩子亲手制作一个工艺品、画一张贺卡、写一篇赞美的作文等送给老师，表示对老师的尊敬和感谢。在一些欧美国家，学生和家长会亲手做一些手工作品、食物等赠予老师，有的还会为老师办一个小聚会，以表达发自肺腑的感恩之情。

◆ 感恩朋友

每个人的一生中必然会有一些朋友。真正的朋友不仅可以同甘共苦，而且可以帮助自己解决许多人生当中的困难和麻烦。一个人的成功或多或少地与朋友的支持是分不开的。

父母要教育孩子怀着一颗感恩之心去对待自己的朋友，要尊重朋友，要原谅朋友的过失，朋友遇到困难时要真诚地帮助，不要有图回报的心理，但是对于朋友的帮助，却应怀有回报的愿望，做一个感谢朋友、懂得知恩图报的人。同时，还要教孩子感激同学的帮助，同学向他借东西时应该"好好地给"，别人才肯接受，同学在学习上有困难的时候要耐心地给予讲解，同学在缺乏自信时要给予鼓励，这些都可以让同学感受到友谊的力量。

◆ 感恩帮助你的陌生人

生活中，我们不仅离不开亲朋好友的帮助，同样离不开陌生人的帮助。比如，去一个不熟悉的地方，我们就需要问路，当别人给我们指了路后，我们就应该表达感激之情。

永远不要忘记感恩帮助过自己的人,哪怕是陌生人,哪怕是再微不足道的帮助和关怀,而且要将感恩之情大声地说出来,这样别人心里才是温暖的。

◆感恩对手

每个人在人生道路上都有对手,孩子在学习上有竞争对手,在体育竞技场有竞争对手,以后在工作上还会遇上竞争对手,因为没有竞争对手,就不会有压力,就没有前进的动力。

◆感恩生活

生活是美好的,也是布满荆棘的。美好的生活,给了孩子巨大的物质享受和充足的精神食粮,这一切,我们当然应该感恩。而对于生活中的困难和挫折,同样要教孩子感恩生活,因为就是这些困难和不幸,让我们更加坚强起来。父母要让孩子知道,自己所获得的高尚品质、坚毅性格、知识技能等,都是生活赐予的法宝,所以要怀着一颗感恩的心来看待生活中的每一件事情,这样才能对别人、对环境少一分挑剔,多一分欣赏和感激,从而时时刻刻被美好的事物包围,一生都生活在开满鲜花的世界。教孩子学会感恩生活,其实无形中也培养了孩子积极、健康、乐观的良好心态,对孩子的成长是极为重要的。

父母不仅要教会孩子感恩父母,还要把感恩的真情实感由父母推广到邻居、师长、全社会成员、亲爱的祖国及整个世界。

孩子的懂事是 教 出来的

让孩子接过爱的接力棒

我们常说"大恩不言谢",这并不是说别人帮助了我们,我们连一句感激的话都不用说,其更深一层的意思是让我们把恩情铭记于心,在适当的时候给予回报,并用这份感恩的心去帮助别人,让这份恩情延续下去。这是感恩的一种境界。

当孩子受到别人的恩惠时,父母要让孩子记住,感恩不仅仅限于对帮助我们的人说一声"谢谢",而且要用自己的实际行动去帮助另外的人,这样的感恩才最具意义。比如,孩子问路,别人指给了他,就要及时教孩子另外的人问他路时,应该认真地指给别人,不知道时也要礼貌地说声"对不起"。又如,自然灾害发生时,别人都慷慨解囊,当然也少不了孩子的一份,让孩子知道别人有了困难,如果自己不帮忙,爱的接力棒就会丢在自己手里,等自己需要帮助时,也就没人愿意帮助他。这么做,就是让孩子心中永远记住曾经的那份感动和恩情,并将它内化为对别人的爱。

用感恩的心帮助他人,使他人实现人生理想,对社会做出贡献,这不仅是回报了恩人,延续了恩情,而且是将一颗感恩的心升华为对社会、对人民、对祖国的感恩之情。这才是感恩的最高境界。

当然,这种事情对孩子来说还比较遥远,但是这样的道理应该早早植入孩子的心田,让它生根、发芽,继而开花、结果。

【父母功夫】

请不要剥夺孩子感恩的权利

孩子这样"冷血",父母的溺爱是罪魁祸首。现在的孩子在家里都是几个大人宠着的小王子、小公主,父母什么事都不让孩子做,孩子整天过着饭来张口、衣来伸手的生活,这样的孩子只有接受别人给予的习惯,而没有为别人付出的习惯,所以他们认为一切都理所当然,也就心安理得地接受着别人的给予,却不知道怎样为别人付出。长此以往,就容易形成以自我为中心、冷漠自私、依赖性强、好逸恶劳、追求享受等弱点,产生情感缺陷。在这样的环境下成长起来的孩子,就算文化知识水平再高,也难免成为一个自私、冷漠、不懂感恩的人,而这样的人是不受社会欢迎的。

望子成龙,望女成凤,很多家长都将焦点全部放在孩子的学习成绩和未来的前途上,却忽略了孩子的思想品德教育,这也是孩子不懂得感恩的原因之一。

不少父母只抓孩子的学习,孩子的学习成绩优良,他们就笑逐颜开,认为这就是孩子对自己感恩了。他们认为,培养孩子并给孩子提供一切学习条件就是家庭的中心任务。孩子从学校回来,父母不让干一点家务活,把他们紧紧地关在屋里学习。整理自己的物品、清洗自己的衣物等一些本该孩子自己做的事,父母都替孩子做了,至于那些琐碎的家务活,父母更是不让做,怕影响孩子学习。

不管是溺爱,还是一切为了学习,父母对孩子的一切事情包办代替总是事实。有时,当自己需要孩子给予情感回馈时,希望孩子哪怕说一句感谢的话也行,可是却发现孩子已经说不出来了,即使勉勉强强说了,也是出于无奈,父母反而埋怨自己的孩子不知感恩,殊不知正是自己的包办代替,亲手

孩子的懂事是 教 出来的

剥夺了孩子通过做事获得知恩感恩和情感发育的机会。

其实,每个孩子天生都有感恩之心,只是父母没有很好地引导孩子,尤其是在日常生活中没给孩子提供感恩的机会。所以,父母首先要更新自己的观念,不管自己多么爱孩子,都不要随意剥夺孩子感恩的权利,懂得让孩子在亲身实践中去感受恩情。其次,要主动创造条件让孩子做自己应该做的事,并多帮父母做些事情,对孩子的主动参与,应该发自内心地给予肯定和感谢。因为一个人的感恩行动只有在被人接受、需要和夸赞时,他才能感受到自己的行动是多么伟大,才能懂得感恩是多么有必要。这样,孩子才能获得感恩和回报他人的机会。

第10章　懂事的孩子敢于担当

允许孩子犯错误

孩子从来到这个世界，到成长为有一定知识和社会经验、能独立生存并处理好各种人际关系的成年人，必须经过漫长的学习过程。而孩子由于年龄小，知识和经验不够丰富，加上逻辑思考能力不成熟，因此在学习过程中常常无法做出正确的判断，总是会犯这样那样的错误。说到犯错误，成人也不可避免，别说是孩子了。其实，孩子就是在不断犯错又不断改正错误的过程中成长起来的，因为这是一个经验积累的过程，没有这个过程，孩子永远长不大。也就是说，这些错误的经验是孩子做出正确判断和决定的基础。

一个周日，爸爸要带10岁的小航去公园玩。出门前，爸爸特意叮嘱小航，钥匙由小航带着，千万不要忘在家里。小航一口答应。可爸爸还是不放心，在关上门前，还特意让小航把口袋里的钥匙拿出来，确定是家里防盗门的钥匙，而不是自己抽屉的钥匙，这才放心地关上了门。到了楼下，发现飘起了小雨，爸爸让小航上楼取伞。取了伞下来，两个人开开心心地去公园玩了一圈。

晚上回来，小航把手伸进衣服口袋取钥匙时，却发现钥匙不见了。"再好好找找，肯定在你身上。"爸爸不急不躁地对小航说。小航找遍了所有衣服口袋，还是没有找到，急得直想哭。"是不是丢了？难道是忘在家了？"爸爸想了想，可是都无济于事啊。"没事，爸爸会想到办法的。"爸爸安慰小航说。妈妈又出差，没办法，爸爸只好找开锁公司

孩子的懂事是 教 出来的

来帮忙开锁。进了门才发现，钥匙竟然放在鞋架上。原来，小航取伞时，把钥匙忘在了家里。结果不但要花钱开门，第二天还要重新花钱配锁。"看你下次还敢不敢再忘事了。"爸爸摸着小航的头笑着说。

面对儿子无意中犯下的小错误，爸爸没有责怪他，反而安慰他。虽然损失了一定的金钱，经受了一定的麻烦，但爸爸的做法让儿子知道自己在爸爸心中比金钱重要，也给了儿子反思与改正错误的机会。

然而现实生活中，不少父母不会像小航的爸爸一样宽容孩子的错误，而是一看到孩子犯错，就克制不住自己的怒火，对孩子大叫"你怎么什么事都做不好""你就是个惹祸精"，甚至对孩子进行严厉的惩罚。这么做，非但不能让孩子认识到错误的本质、体验到犯错的后果，反而让孩子的身心受到更大的伤害，甚至让孩子走向父母期望的另外一端。事实上，当父母不允许孩子犯错误时，孩子就会用各种不健康的方式做出反应：

——撒谎。孩子犯了错误，知道父母的态度总是训斥和惩罚，而孩子是不愿意被训斥和惩罚的，所以他们干脆隐瞒错误，不说出真相，以此希望自己所做的事情不被发现。这直接导致了撒谎。

——自我贬低。如果父母对孩子的错误行为感到失望、生气、伤心时，孩子就会觉得自己永远达不到父母心中的标准，有点不值得父母爱或者不够资格得到父母的爱，使自信心受到严重打击，从而自暴自弃。

——不再给自己定高标准。当孩子因为自己的错误获得令他们羞愧的信息时，他们通常会害怕再犯错误。为了免于因犯错、失败或者让父母失望而承受痛苦的后果，他们就会谨慎行事，不再给自己设定高标准，哪怕是跳一跳就能够得着的标准，而只做那些可以预测且安全的事情。

——辩解或指责他人。当孩子觉得犯错误会承受痛苦时，他就会浪费很多时间、精力和口舌来为发生的事情辩解，或者责怪他人，以此推卸责任。这其实就是让他人为自己的错误承担责任，意味着孩子不能正确认识错误，没有能力解决自己的问题，也失去了从错误中学习的机会。这是在缺乏宽容的环境中长大的孩子所采取的防御态度。

——自我惩罚。如果孩子因为错误受到惩罚，他会逐渐认为，若想犯错之后依然得到父母的爱，就必须受到惩罚。不管男孩还是女孩，因犯错而受到惩罚时，结果都会因为那些错误而无法原谅自己和别人。

——用快乐换取成绩。还有些孩子不能忍受达不到期望的痛苦或让父母失望，他们会把犯错误而产生的羞辱感化作动力，因此会更加努力取得更高的成绩，但他们面对自己的成功，丝毫不会感到快乐和幸福，当然努力的过程中就更无快乐可言了。也就是说，他们的成绩是用快乐感和幸福感换来的。这是一种不健康的"进取"。

以上这些表现都不利于孩子的健康成长。所以，当孩子犯错时，父母不管多么生气，多恼火，一定要努力克制住情绪。等到自己和孩子都心平气和的时候，不用命令的语气，而是用建议的方式跟孩子沟通，进而引导孩子认识到自己的错误，并愿意去改正，这才是科学的方法。当孩子得到明确的信息，知道犯错误没关系后，那些不良反应就可以避免。

可见，无论是孩子犯错误之后严厉的惩罚，还是孩子犯错误之前严格的预防，都不是孩子成长过程中所需要的方式。聪明的父母允许孩子犯错误，甚至鼓励孩子犯错误，但更注重孩子犯错误之后的教育，即引导孩子从错误中吸取经验和教训，真正做到"吃一堑，长一智"，让孩子在"尝试—错误—完善"中更好地成长。

孩子的懂事是 教 出来的

引导孩子承认错误

勇敢地承认错误是敢于担当的第一步，我们平常说的"敢做敢当"就是这个意思。只有敢于承认错误，才能改正错误，才能学会对自己负责，对家庭负责，才能逐步树立强烈的社会责任感。然而，生活中，有的孩子犯错误后不敢承认或羞于承认，这就等于放弃了在错误中学习的机会，当然也得不到任何经验，更不利的是容易滋长孩子犯错误的不良习气。所以，父母要细心观察孩子的言行举止，当孩子出现内疚、不安等心理状态时，可以引导孩子把心事说出来，以便有针对性地帮助孩子认识错误，从而改正错误。

◆告诉孩子承认错误不丢人

孩子犯错误，是他成长中必经的体验，不等于父母教养失误，更不等于孩子的成长有问题，这个道理一定要让孩子知道。同时，还要告诉孩子，就连伟人都会犯错误，何况我们普通人，但是伟人犯错误后会承认错误并及时改正错误，这个就需要我们学习。

通过给孩子讲这样的故事，让孩子知道，这么伟大的人犯错误后都敢于承认，所以自己承认错误也不是什么丢人的事，反而是诚实的表现。父母还可以把自己小时候犯错误的事讲给孩子听，孩子就会明白大人也会犯错误，像爸爸妈妈这样最亲的人也不例外，慢慢地孩子就不会隐瞒错误了。

◆ **和孩子一起面对错误**

孩子的生理和心理发育都在逐渐完善中，父母不能用大人的想法来猜孩子的想法，而是应该在孩子犯错误后站在他的角度给予理解和帮助，告诉孩子爸爸妈妈和他一起面对错误，引导孩子说出事情的原委，并承认错误。

孩子犯了错，往往比大人更担心害怕，害怕受到体罚、威吓，失去爱，所以父母应当以理解、信任、友好的态度来对待孩子犯的错，以关爱孩子为目的，帮助孩子认识到自己的错误会给别人带来什么样的痛苦或不良影响，并想出补救的办法。这样，孩子的紧张心理便会缓解，就能说真话，并主动道歉，敢于承担责任，改正错误。

◆ **引导孩子在错误中学习**

有句名言叫"畏惧错误就是毁灭进步"，说的是错误并不可怕，只要敢于面对错误，从错误中吸取教训，它就成了下一个成功的奠基石。

孩子的探索欲和求知欲很强，往往一看到新鲜有趣的事物，就会本能地用有限的经验和自以为是的做法去探索，但是他们做错时一般不会像大人那样轻易放弃，常常有种寻根问底、不达目的不罢休的拼劲，要么继续尝试，要么向大人提出问题，所以说错误会导致另一串的学习，而这种学习是自发的、主动的、积极的。所以，孩子犯错后，父母的态度不应该是横加指责，而是耐心地予以解释和指导，引导孩子在错误中吸取教训，不断学习，这样孩子才可能不再犯同样的错误。

孩子的懂事是**教**出来的

让孩子学会对自己负责

培养孩子的责任心,是孩子自身成长的需要,也是孩子未来生活的需要。而一个有责任心的孩子,首先要学会对自己负责,然后才能对家庭、对他人、对集体、对社会负责。这是一个循序渐进的过程。要让孩子学会对自己负责,父母要在孩子很小的时候就培养他的责任意识。

◆**为孩子提供负责的机会**

孩子的独立意识获得发展以后,常常不按照大人的安排做事,而是喜欢自己做主,这时就是让孩子学习对自己负责的好机会。

允许孩子尝试,这不仅尊重了孩子独立意识的发展,更重要的是为孩子提供了一个对自己的行为负责的机会。我们平时能听到有的孩子对妈妈说:"你昨天晚上没给我带铅笔,害得我上课没笔写字。都怪你!"而奇奇再热,也不会对妈妈说"都怪你让我穿这件衣服"这样的话,因为衣服是他自己选择的,所以他应该对自己的选择负责。生活中,父母不要什么事情都为孩子做主,而是要让孩子自己去尝试,这样孩子才有机会对自己的选择和行为负责。

◆**让孩子承担后果**

我们常常会看到这样的现象:孩子犯错了,在父母的教育和引导下,孩子知道自己错了,而且承认错误的态度十分诚恳,使得父母不得不相信孩子一定能够改正错误。但不久则会发现,孩子又犯同样的错误了。这种情况下，父母可以让孩子承担犯错误的后果，这种后果可能是批评、难受、尴尬、焦急等，体验一两次这样的后果，往往比说教十多次还管用。这样，孩子慢慢就能学会对自己负责。

孩子是在犯错误中成长的，只有让他犯了错误，并承担后果，他才能认识到错误的严重性，并主动改正错误，从而养成良好的习惯，获得更大的进步和更快的成长。

◆引导孩子从错误中走出来

有的孩子犯了错会非常后悔，不停地责怪自己为什么不长记性、为什么总是做不好，总是希望那些做过的错事没有做，总是后悔当初没有把话说得更好，甚至为此晚上睡不好觉，进而影响学习和人际关系。父母可以告诉孩子，总是沉溺于过去的错误中，是一种懦弱的表现，是一种对错误不负责任的表现，而要想不再犯同样的错误，就必须从错误中走出来，分析造成错误的原因，认真改正错误，争取下次不再犯错，这才是一个坚强的人。而且，要让孩子知道，"为了一杯打翻的牛奶而不停地哭泣"是没有任何意义的，无论他怎么着急、怎么抱怨，牛奶都不会重新回到杯子里，事实上只要事先多一点思考，加以预防，牛奶就不会被打翻，可是现在已经太迟了，现在所能做的就是把它忘掉，丢开这件事情，开始一件新的事情。这样，孩子不仅可以学会对自己的鲁莽行为负责，以后再做事时会先进行思考，并谨慎许多，而且会变得更加坚强。

父母还可以有意识地给孩子安排一些任务，让孩子自己去做。当然，孩子年龄小，有时可能会忘了爸爸妈妈分配的事情，父母开始可以提醒孩子，待孩子大一些时，可以教他用本子把要做的事情记下来，每天提醒自己该做什么，这样就不会忘记。长此以往，孩子不需要大人的提醒就能做自己的事

孩子的懂事是 教 出来的

情,孩子本身也会产生成就感,慢慢地学会对自己的行为负责。孩子只有学会了对自己的事情负责,才能逐步地发展为对家庭、对他人、对集体、对社会负责。

培养孩子的社会责任感

对于软弱无能的人来说,责任是一种沉重的压力,是一个巨大的负担,他一定会被压垮;而对于懂得生命真谛的人来说,责任是一种幸福的担当,是一种甜蜜的付出,他愿意承担,他也一定能够承担得起。眼下孩子虽小,但他终归要长大,要在社会上担任一些角色,承担重任,如果从小不强化他的责任意识,不培养他的社会责任感,他心中则不能形成成熟的价值观,长大后就会失去精神依托,不能承担自己应该承担的责任。更重要的是,强烈的责任感可以带来使命感和荣誉感,激发孩子发挥自己的潜力,使孩子成为一个合格的社会人。

◆让孩子知道什么是社会责任感

让孩子知道,人不仅要为自己负责,还要为他人、为家庭、为集体、为社会负责,这就是社会责任感。而且,要让孩子明白,强烈的社会责任感是一种闪闪发光的品质,是一种光荣而特殊的使命,是对人民、对社会、对祖国的报答。

◆让孩子知道家的责任需要扛

网上一个贴吧曾有一封标题为"救救妈妈"的信。这封信是一名12岁的小学生为救尿毒症妈妈而写的求助信,它一度引起了"市民争吃爱心饭"的感动场面。

一个12岁的孩子，他想担起这个家庭的责任，他在积极行动，他想到了自己力所能及的办法。

孩子听了这样的故事，一定会对家庭的责任感有所认识，他会更加孝敬父母。帮父母做事，一方面培养了责任感，同时还锻炼了自立能力。

◆**让孩子知道责任会带来机会**

工作就意味着责任，即使是辞职时，也要站好最后一班岗，给自己的一段历程画上一句圆满的句号。

给孩子听这样的故事，让他懂得责任是重要的，能给人带来机会和常识，也能体现自己的价值，并在思想上树立一定的责任意识，有利于他将来走入社会并尽快适应社会。

◆**让孩子知道责任是神圣的**

培养孩子的社会责任感，最有效的办法就是无论在家庭或学校，都要让孩子充当一些有意义的角色，使他们感到自己的行为对集体所产生的重要性，同时培养他们战胜自己的弱点、增长各种能力的信心。比如，在家里，有意识地让孩子掌管信报箱的钥匙、监督爸爸戒烟、负责倒垃圾等；鼓励孩子在学校担任老师的助手，帮助老师组织各种活动，以锻炼他们的责任感和能力。孩子们都很愿意参与，并为自己日渐增长的能力感到自豪。

孩子的懂事是 教 出来的

【父母功夫】

正确对待孩子的错误

这一章，我们一直都在讲要允许孩子犯错，要对孩子的错误持宽容的态度。但是，宽容不等于放任。对于孩子能够自行纠正的错误，即主要是如何适应生活的那一类，应该允许孩子犯错，正如前面所说，孩子不断犯错误的过程其实正是不断改正错误、完善方法的过程，假如不给予这类机会，就等于剥夺了孩子寻求正确途径的乐趣，也会使他们变得懒于动手、疏于尝试、习惯依赖父母。而对于比较重大的原则性错误，父母则必须予以立即纠正，如欺侮老弱、和同学讲哥儿们义气帮着打架、在网上散布谣言、偷盗等，这些错误一旦放任，以后就难以收拾。当然处理这些原则性错误，也要讲究方式方法，仍然要以讲道理为主，如果讲道理不管用，一些惩罚就是必需的。

无论是哪一类错误，父母都不要不分青红皂白地打骂孩子，而是需要首先弄清楚孩子犯错误的原因，然后有针对性地帮助孩子分析利害，督促改正并不重犯。

对孩子无意识犯的错误，如打闹玩耍中不小心打碎花盆、误伤伙伴等，父母只要让闯祸的孩子看看后果、承认错误就足以使他们吸取教训并在以后很少犯此类错误了。因为这种错误不像说谎等是孩子有意识犯的，说明孩子并不想犯这类错误，父母叮嘱孩子以后要小心行事就可以了。有时，孩子因为好奇会搞一些探索，但由于缺乏知识和经验，不能弄懂眼前的道理，他们就会搞一些"破坏"，如想搞清楚闹钟为什么会叫他起床而将闹钟拆开甚至损坏等。从本质上说，这类行为不属于错误，但会造成一定损失，这就需要父母帮孩子分析这种行为的利害关系，让孩子知道哪些能做、哪些不能做。如果损失较小，不妨鼓励孩子多犯这类"错误"，如拆卸旧钟表、旧玩具，组装他想象中的新物件等，这会促使孩子动脑又动手，从长远看利大于弊、得大于失。如果进行严厉批评，孩子不仅不能为自己的独特性、创造性而骄傲，反而会觉得自己无能，自暴自弃。如果损失较大，如孩子想用锤子使劲捶打电视中的人，看他们是否也会疼，对于这类事情，则可以给孩子讲明利害，引导孩子不去做。对待孩子为趋利避害而犯的错误，如说谎向家长要钱、模仿家长在作业上签字、偷改分数等，父母要多从自身找原因，因为此类问题虽然在孩子身上，但根源往往在于家长。父母应先反思自己是不是对孩子要求太高、太严，是不是太过于看重分数，致使孩子不得不犯错误。过高、过严要求的后果，容易使孩子产生害怕失败的心理，孩子尽了努力仍得不到父母满意的回报时，便会犯上述错误。如果是这样，家长先做自我批评，才能打动孩子的心，引导孩子心悦诚服地改正错误。

如果孩子所犯错误属于道德品质方面的，如偷拿别人的东西、不讲诚信等，父母更不能歧视、训斥、痛打孩子，否则孩子会对父母心生敌意，并产生逆反心理，而是要平心静气地和孩子一起回忆以前的好行为，帮助孩子重新树立自信。其实，孩子犯道德品质的错误，父母有很大的责任。有的父母忙于自己的事情，很少过问孩子的事情；有的父母自己不爱学习，不以身作则，孩子做功课时自己玩麻将、玩游戏机等，给孩子造成了不良影响。

如果孩子放学后在外面玩而晚回家一小时，让家人很担心，对于类似这样的事情，父母应该教育孩子认识到自己的错误，并对孩子的行为予以理解，但是也要明确地告诉孩子，"你玩的时间自然也就少了一小时。"通过

孩子的懂事是 教 出来的

这种方式，让孩子在父母的宽容中改正错误。

总之，孩子犯错误，父母应该首先从家庭环境、父母的教育观念与教育方式上追溯原因，并用合理的方式帮助孩子改正错误。英国著名教育家斯宾塞指出，对于孩子犯错，父母应该更多地采用自然教育法，少用人为惩罚。他认为，当孩子认识到自己错误的行为所产生的自然后果后，吸取这方面的经验，以后不再犯，就是自然惩罚；而体罚是一种极端的人为惩罚方式，绝对不是主要的教育手段，而且也不能单靠这个方法把孩子培养成才，父母要慎用。

第11章 懂事的孩子宽容厚德

烦恼是因为缺少宽容

其实,生活中许多烦恼正是因为我们缺少宽容造成的。孩子因为看别人不顺眼而对人家心存偏见,因为受到伙伴的冷落而伤心,因为嫉妒别人而产生仇恨……这些烦恼都是自己寻找的,无异于作茧自缚。想想看,只要拥有一颗宽容的心,知道人与人之间存在差别,对那些看不惯的事情一笑了之,烦恼自然就会离你远远的。所以,想让孩子健康快乐地成长,就教他用一颗宽容的心对待生活,并主动停止那些缺少宽容的行为。

◆让孩子知道生活因宽容而美好

我们每天都会碰到各种各样的事情,也会与不同的人打交道,孩子也不例外。如果整天都活在因自私、伤害、偏见、仇恨等不良情绪所带来的痛苦之中,烦恼不堪,怎么能拥有好的心境、怎么能感受到生活的美好呢?

面对生活中的一些小矛盾,如果能学会宽容,我们就会发现,生活原来如此美好,幸福其实就在身边。让孩子想一想,小伙伴抢他的玩具,他原谅了小伙伴,是不是心里不那么生气了,告诉孩子这就是宽容的力量,既不伤害别人,也让自己心情舒畅。

◆帮助孩子摒弃偏见

如果一个人对某人或某事心存偏见,那么他就会处处看这个人或事不顺眼,从心里不喜欢这个人或事。这不仅会对别人造成伤害,而且也是自寻烦恼,让自己变得不快乐。

其实,这就是孩子对他人心存偏见的表现,但不是孩子故意为之的。8岁以后的孩子,才会懂得如何面对社会的偏见,开始理智地思考问题。虽

孩子的懂事是 教 出来的

然如此，父母还是应该尽早帮助孩子摒弃偏见的心理，最好的时间是孩子幼年的时期，因为孩子长大后终究是要面对多元化世界的。

父母可以通过生活中的细节来帮助孩子接受别人身上存在的"不一样"的地方，并正确看待这些差异。比如，让孩子知道，别的小朋友可能比自己黑、不如自己长得高、稍稍有些胖、戴眼镜、不擅长踢足球等，这是他们的特征，并不代表他们就低自己一等，引导孩子懂得每个人都有自己独特的地方，人和人不可能什么都一样，让孩子慢慢接受这种差异。

◆让孩子接受别人的优秀

有的孩子一发现别人比自己优秀，就接受不了这个事实，由此产生嫉妒甚至仇视。这也是因为不够宽容而导致的心胸狭窄造成的。

我们要教育孩子，用一双欣赏的眼睛去看待别人的优秀，吸取别人的长处，完善自己的不足，并向优秀的人学习，以他为目标，挑战自我、超越自我，这样才能让自己不断进步。否则，眼睛总盯着别人的成绩，恨别人为什么比自己强，想方设法让别人不再优秀，那么自己就会陷入烦恼与痛苦之中，感受不到生活的快乐。

总之，让孩子不要因为自身的弱点而对人或事要求苛刻，这是培养一颗宽容之心的基础。

别怕宽容的孩子会吃亏

现在的孩子都是全家人的宝贝，父母疼孩子、怕孩子在外面吃亏是可以理解的。但是，宽容并不等于吃亏，而且会宽容别人的人，不仅不会吃亏，而且会赢得更好的人缘，甚至收获更多。

同样的道理，孩子宽容别人也不是吃亏的表现，反而能给自己赢得机会。

可见，宽容的孩子表现出来的不仅是一种风度，而且是一种品质，这让人对他们产生喜爱之情。

然而生活中，有的父母还是会对自己的孩子灌输"不能吃一点亏"的思想，他们在送孩子上幼儿园前会叮嘱孩子"谁打你一下，你也打他一下""不允许别人抢你的玩具"等；有的父母见自己的孩子"吃了亏"，全然不顾当叔叔阿姨的尊严，也不顾邻居和熟人的情面，一方面斥责自己的孩子没用，同时对"肇事"的孩子恶言相加，甚至动手动脚。倘若双方父母都这样做，必将引起更加不良的后果。

所以，父母首先要从自身的思想上树立一种宽容不是吃亏的观念，做孩子的榜样，遇到矛盾或冲突时能宽宏大量，不计较得失，不怕吃亏，以此使孩子受到熏染与教育，同时鼓励孩子多与人交往，教孩子在交往中学会宽容地处理问题，取长补短，提高人际交往能力及社会适应能力，从而养成宽容的性格。

教孩子不要斤斤计较

斤斤计较就是对琐碎细小、无关紧要的事过分在意，是小心眼、心胸狭窄的表现。从儿童成长特点来看，这是孩子自我意识强的表现，凡事以自我为中心，不会为对方着想，什么都是"我得如何如何"，非常在意自己的感受，因而遇事时就爱与别人计较、较真。

斤斤计较的孩子容易"以眼还眼，以牙还牙"。比如，孩子和小伙伴两个人一起看书，小伙伴不小心把他的书弄坏了，孩子就会为此大哭大

孩子的懂事是 教 出来的

闹，并将此事一直记在心上，终于有一天趁小伙伴不注意，也把他的书弄坏一个角。因为"你弄坏了我的书，我就弄坏你的书"，这才公平。斤斤计较的孩子容易针锋相对。比如，孩子和小伙伴一起玩玩具，两个人都想在同一时间玩同一个玩具，所以就为一个玩具抢来抢去，谁都不肯撒手，最后甚至大打出手，不欢而散。

斤斤计较的孩子对别人的一句话也非常在意，常常把他人的玩笑当真。比如，邻居家的孩子惹他生气了，孩子的妈妈说你以后不和他玩了，而当那个孩子再叫他一起玩时，他会说"你的妈妈让我不和你玩"。

这样的孩子，即便将来有一技之长，也可能会因为刻薄自私，无法获得团队的认可，最终难有大的出息。反而，大气的孩子却能受到更多的青睐。

9岁的强强长得虎头虎脑，在小区里人见人爱。他每次出来玩，总会拿一堆玩具，请小朋友轮流着玩。他还会把自己的零食分给小伙伴，毫不吝啬。渐渐地，他成了小伙伴们的小领导，如果有一天玩的时候没见着他，小伙伴就会找到他家里来。小伙伴之间有什么事情解决不了，也都会找他来帮忙解决。强强也把自己当成是他们的大哥哥，事事都很愿意帮助他们。在这样一种小环境中，由于他处理的冲突和矛盾较多，能力也渐长，同时赢得了好的人缘。

一次，强强生病住院，让他没想到的是，平日里一起玩的小伙伴结伴来看望他，这让他很高兴。一起玩的玩伴里面还有一位和他是同班同学，这位同学每天都会把自己的课堂笔记和老师布置的作业给他送到家，让他更加感动。

我们可以看出，大气的孩子，总是能受到更多人的喜欢，这样的孩子将来进入社会也会有很好的人际关系，为自己的成功增加了一个砝码。父母可以从以下几个方面教育孩子不要斤斤计较。

首先，给孩子做好榜样。眼下很多父母太过注意孩子的艺术培养、全面发展，一会儿舞蹈班、一会儿钢琴班的，却忽视了对孩子进行很重要的道德培养。于是，孩子就在不知不觉中渐渐变得自私、短视，因为一点点小利争不到就寝食难安。这一切都与家长不恰当的教育方式或错误的做法息息相关。

从根本上讲，父母把鼓励孩子"敢于竞争"与怂恿孩子进行"利益上的争抢"相混淆了。鼓励孩子敢于竞争是指要鼓励孩子乐观自信，积极地表现自己，力争上游；而怂恿孩子进行利益上的争抢则会让孩子变得斤斤计较，不宽容、不大度。在我们抱怨孩子越来越以自我为中心、越来越不懂得"宽容"的时候，父母应该先检讨一下自己的行为，看自己是不是给孩子做了好的榜样，或是给孩子留下了不好的影响。

其次，针对孩子"以眼还眼，以牙还牙"的报复行为，要开导孩子忘记别人所做的事情，因为谁都有可能犯错的时候，再说别人也不是故意的。同时，要让孩子知道，自己故意的报复行为是不对的，这样不仅损坏了别人的东西，也会让别人伤心。其实，痛恨别人的同时自己也会过得不开心，让孩子想一想，总想着趁别人不在的时候把他的书撕下一角，是不是自己总活在生气当中，是不是很耗精力，是不是自己一点也不快乐，所以要教孩子放下痛恨别人的想法，多想想和伙伴相处时愉快的情景，想想伙伴帮助自己的情景，这样孩子就会释然很多。

再次，针对孩子互不相让的行为，要教孩子学会退让。这里的退让不是忍让。忍让包含着一种隐忍、让步的意思，其中总有一些不情不愿的成分，并且很有可能将来伺机报复；退让则是本质上的放手、不争、不予计较。凡事懂得退一步的人，才是真正胸襟似海、具有王者风范的人。

"退一步海阔天空"，说的就是这个道理。所以，父母要教孩子从小懂得退让的道理，同时懂得退让不是惧怕、不是软弱，而是一份理解、一份礼让，是做人的气度。

最后，针对孩子把玩笑当真的行为，要引导孩子学习一些说话的艺术，帮助孩子辨别真话和玩笑。当然，对于还不懂得区分真话和玩笑的孩子，大人一般不要在他们面前随便开玩笑，否则会给孩子带来一种大人说话不算数的感觉。

原谅别人，自己也轻松

如果总把别人犯的错和对自己造成的伤害记在心上，就等于给自己前行的路上增加了一个包袱。这样，行走的速度就会减慢，也就不可能按照预定计划到达目的地。这就是说，原谅别人，我们自己才能轻松。现代养生学也认为，气度狭小、尖刻、仇恨等都是劳神伤身的东西，久而久之会积郁、积火成疾，损害健康。因此，单单为了健康，我们也要学会豁达。

孩子在生活中也会遇到许多烦心的事情，比如被同学误解、受到老师无端的批评、招人嫉妒，甚至遭受身体伤害等，孩子年龄小，不太懂得自我调节，而长期忍受委屈得不到抚慰和宣泄，孩子可能会做出一些极端的行为，同时对孩子的身心健康也不利。这就需要父母通过合理的方式引导孩子原谅别人的过错，帮助孩子从内心里真正不再计较，这就是帮助孩子获得了一颗难得的宽容之心。

◆**让孩子认识宽容的力量**

问问孩子，如果自己的宽容能让一个坏人变成好人，他还愿不愿意去宽容。孩子天生是有同情心的人，父母可以通过讲故事抓住这样的时机，让孩子看到宽容的力量，孩子也会认识到自己的宽容会给他人带去机会或者更有意义的东西，他就会学着去宽容伤害过他的人，而且孩子也会因此处于一种愉快的情绪之中。

◆教孩子用微笑面对刁难

"将相和"这个典故相信大家都耳熟能详。说的是大将军廉颇觉得丞相蔺相如比自己有才华，所以总是嫉妒蔺相如，处处与其作对；而蔺相如则有一颗宽容大度之心，不为廉颇的刁难所恼，每次见面总是微笑着向廉颇打招呼，处处以大局为重，最终廉颇认识到了自己的问题，向蔺相如负荆请罪，从而达成了"将相和"，为赵国的强盛携手共进。

孩子在生活与学习中也会遭遇到被人嫉妒的情况，甚至被人因此而猜疑、中伤，肯定伤透了心。父母可以用这类故事引导孩子，对孩子晓以利害，让孩子明白别人嫉妒自己说明自己比别人优秀，所以不要记恨嫉妒自己的人，而是要对他们宽容一些，见了面先给他们一个微笑，平时要多帮助他们，使他们不断进步，别人就会被感动。用这种方式教孩子宽恕嫉妒、中伤自己的人，对孩子、对别人都有好处。

◆告诉孩子"得饶人处且饶人"

一个小男孩因为个子矮小，经常被同学欺负。有一天，大家下课出去玩，因为着急，人多拥挤，小男孩被后面的人推了一下，从楼梯上摔了下来，受了伤，只能在家休养一段时间。小男孩很郁闷，同时也对那个推自己摔跤的人痛恨不已。尽管那个人已经上门道歉了，但是小男孩依然没有原谅他。因为小男孩认定是他故意推自己的，平时他就爱欺负自己。

父亲看到儿子郁闷的脸色，对他说："别人向你道歉，说明他已经认识到自己错了。不管他是无意的还是故意的，你都应该原谅他。"小男孩不理。父亲继续说："如果你总是不肯原谅别人的过错，这样你的

孩子的懂事是教出来的

朋友就会越来越少，你总不能没有朋友吧。得饶人处且饶人！"听到这儿，小男孩似乎明白了什么，对父亲说："哦，不能没有朋友。算了，我原谅他吧。"这个小男孩就是今天的比尔·盖茨。

比尔·盖茨小时候就有了宽容别人的心，而且他一生始终用一颗宽容的心面对身边的人，包括商场上的对手，所以他的朋友遍布全世界，也成就了他的伟大事业。

必要时，也可以让孩子体验一下不原谅别人带给他的不利影响。比如，因为斤斤计较，毫不容人，小朋友害怕或不喜欢与他做朋友，而且要让孩子知道，自己不原谅别人，也得不到别人的原谅。另外，告诉孩子，他养成的霸道、蛮横、自私、无情的坏习惯，容易被大家孤立，今后走入社会会吃大亏。

这里需要提醒父母，教孩子原谅别人的同时，一定要教孩子掌握原谅的标准，即分清是非，知道哪些事情应采取原谅的做法，哪些不可以原谅。父母要让孩子明白，原谅、忍让不等于没有原则，对小是小非，没有严重后果的个人冲突或无意的损伤等尽可能地不要计较，要加以忍让与原谅；对影响友谊与集体荣誉，会造成较大损害或故意做出的破坏行为等，绝对不可容忍，更不可原谅，但要采取灵活的方式处理问题，注意场合、分寸，不可言辞过激、盛气凌人，同时要给别人留存面子，否则会伤害别人的自尊心，反而增加别人的抵抗情绪。

【父母功夫】
宽容是无声的教育

传说有一个非洲部落把宽容作为一种仪式。一个人犯了过错，就会被带到村子中央，接受众人的赞美。全部落的男女老幼都停下手里的工作，将犯了错误的人团团围住，轮流列举他做过的好事。他的善行和美德被尽情歌颂，每一个细节都不错过。仪式最终发展成一个欢乐的庆典，最终大家欢迎他回到集体当中。

这是一件非常美妙的事，把惩罚化为温暖，把伤害变成祥和。整个仪式中，犯错的人听不到一句指责的话，自尊心不会受到打击，觉得自己没有被遗弃，他会在大家的宽容中改过自新，整个村子也会重新成为团结的整体。人们没有告诉犯错的人应该做什么、怎么做，犯错的人却知道自己应该做什么、怎么做，这是一种无声的教育。

一日晚上，老禅师在禅院里散步，看见墙角有一张椅子，他知道有人违犯寺规越墙出去溜达了。老禅师也不声张，走到墙边，移开椅子，就地而蹲。一会儿，果真有一个小和尚翻墙回来了，黑暗中踩着老禅师的背脊跳进了院子。

当他双脚着地时，才发觉刚才踏的不是椅子，而是自己的师傅。小和尚顿时惊慌失措，但出乎意料的是，师傅并没有责备他，只是以平静的语调说："夜深天凉，快去多穿一件衣服。"

我们可以想象得到，听到老禅师的话，小和尚是一种什么心情。在这种宽容的无声教育中，小和尚不是被他的错误惩罚了，而是被教育了。

我们平时教育孩子，也可以在不打不骂不责备中实现教育的目的。下面这个故事之所以被多次引用，是因为它在教育孩子方面确实具有经典的意义。

第一次参加家长会，幼儿园老师说："你的儿子有多动症，在板凳上连三分钟都坐不了，你最好带他去医院看一看。"回家的路上，妈妈告诉儿子："老师表扬你了，说宝宝原来在板凳上坐不了一分钟，现

孩子的懂事是 教 出来的

在能坐三分钟了。"

儿子上小学了。家长会上,老师说:"全班50名同学,这次数学考试,你儿子排在第40名,我们怀疑他智力上有些障碍,你最好能带他去医院查一查。"回到家里,她却对儿子说:"老师对你充满了信心。他说只要你能细心些,就会超过你的同桌,这次你的同桌排在第21名。"儿子黯淡的眼神一下子充满了光亮,沮丧的脸也一下子舒展开来。

孩子上了初中,又一次家长会。妈妈又等着老师点她儿子的名字,但是直到家长会结束,她都没听到儿子的名字。她去问老师,老师告诉她:"按你儿子现在的成绩,考重点高中有点危险。"她惊喜地走出校门,告诉正在等她的儿子:"班主任对你非常满意,他说了,只要你努力,很有希望考上重点高中。"

高中毕业了,儿子被第一批重点大学录取了。

每次听到老师的话,妈妈心中肯定是难受的,但她没有责备儿子"为什么连三分钟都坐不了""为什么排在第40名""为什么不努力考重点高中",而是用宽容和鼓励代替了责备,让儿子在一种宽容和理解的氛围中成长。因为她相信,宽容是最好的教育,自己的宽容一定能激励儿子不断进步。教育孩子,我们不妨也多一些宽容,少一些责备,让孩子在宽松的氛围中健康快乐地成长,同时收获理想的学习成绩。

第12章 懂事的孩子克己守法

从小培养孩子的自制力

自制力,就是自我控制的能力,即能不受外界因素的影响和干扰,控制自己的情感和言行的能力,是一种可贵的意志品质。自制力的作用就像是汽车的刹车,高速行驶的汽车如果没有刹车或刹车功能差,就有可能使车子在行驶过程中偏离道路,甚至造成"人仰马翻"的结果。同样,人的身上若能有这样一个"刹车装置",就能形成自己的主见,不容易受到环境和他人的左右,能够平稳地度过一生。

从小就缺乏自制力的孩子长大后很难有较强的自制力。因为他们已经把眼前的舒服当成了习惯。也就是说,自制力低的人习惯于"眼前怎么舒服就怎么来",而不顾及长远目标,他们就像无舵的船一样,很难掌握自己的人生方向,而且容易形成贪婪、自私、斤斤计较、丧失自尊等弱点,日后很难在社会上立足。可见,培养孩子的自制力是非常重要的。孩子自制力的培养,需要一个循序渐进的过程,孩子不同的发育阶段,应该给孩子不同的要求,不能操之过急。

◆让孩子从简单的事情做起

6岁前的孩子意志发展水平较低,往往不能很好地控制自己的行为,做事情大多受兴趣、好奇心、理解能力的限制,遇到困难容易退缩、放弃,一开始就给孩子安排难度较大的事情会让孩子无从下手,并因为完成不了而放弃,所以让孩子先做一些简单的、在短时间内能完成的事情,可以让他们在短时间内看到效果,容易增强自信心。比如,把自己的桌子擦干净、把椅子摆好,这样的活动看得见、摸得着,孩子很容易完成,并能从中体验成功的

孩子的懂事是 教 出来的

喜悦。随着孩子年龄的增长，可以交给他一些需要较长时间且需要耐心、需要付出努力才能完成的工作。

◆设法使孩子集中精力完成一件事

父母要注意孩子平时的表现，当孩子做事不够彻底时，要鼓励他把事情做完。比如，择豆角时，孩子开始兴致勃勃，一会儿之后就觉得枯燥乏味，这时家长就应给予孩子适当引导，如对孩子说"宝宝，你看，今天你的收获可真不小"，引导孩子看见自己劳动的成果：已经择好的豆角越来越多，没有择的越来越少。然后，用孩子喜欢并能听懂的语言告诉他："已经择好的豆角都很开心，可是没择好的豆角都在哭泣，你肯定不希望它们伤心。"或者说："咱俩比一比，看谁能把自己盘子里的豆角先择完。"这时，孩子可能就会由于同情或争先的心理，劲头十足地将剩下的活干完。

◆从兴趣入手培养孩子的坚持性

有句话说得好："胜利就在坚持一下的努力之中。"所以，要培养良好的自制力，培养坚持性是必需的。而兴趣是最好的老师，有了兴趣，就有了坚持的动力。孩子坚持性的强弱取决于对活动兴趣的强弱，他们往往能在自己感兴趣的活动中坚持较长时间。比如，孩子喜欢动手拆装各类玩具，又拆又装的过程中表现出高度的注意力，也能坚持较长的时间，家长就可以为孩子提供一些拆装方便的物品，让孩子尽情地玩；或者和孩子一起在花盆里种一粒会有生命萌芽的种子，促使他在兴趣中坚持长期观察与爱护种子。这样的活动，孩子感兴趣，可以让孩子在不知不觉中延长坚持的时间，养成坚持的习惯。孩子专注的过程中，父母要注意不要轻易干扰孩子，否则孩子的兴致会被打断，也许停下来就不想再做了。

当然，玩游戏也能很好地培养孩子的坚持性和自制力。父母可根据孩子的年龄特点和喜好，选择适合的游戏，将需要坚持的因素融入游戏之中，并给予孩子鼓励，就能增加孩子坚持的时间，帮助孩子慢慢学会自制。

◆ 延迟满足孩子的需求

现在的孩子要什么，父母都会以最快的速度满足孩子，唯恐让孩子等得太久。殊不知，对孩子的种种欲望给予即时满足，久而久之，孩子就会变得没有耐心，不会约束自己的行为。研究表明，通过一些延迟满足的小锻炼，可以帮助孩子学会等待，很好地培养孩子的耐心、毅力与自制力。

对于年幼的孩子，漫长的等待只会加剧他狂躁不安的情绪。所以，延迟满足要根据孩子不同的年龄使用不同的办法，时间上也应该有所区分。比如，孩子要去抓那个玩具，妈妈可以跟孩子说"等一等"，不要第一时间就给孩子，过几秒再给。等到孩子能大概明白一句话的意思时，妈妈就可以稍加延长延迟满足的时间了。比如，孩子要喝奶，可以让他等上几分钟，告诉他奶现在太烫了，凉一凉再喝。当孩子明白"等一等"的含义后，延迟满足的时间就可以从几分钟延长到一两天了。如果孩子在街上看到喜欢的玩具，妈妈可以告诉他今天没有带钱，过两天再来买；孩子要吃蛋糕的时候，可以告诉他明天买回家和奶奶一起吃。

这样循序渐进，慢慢增加等待的时间，会让孩子逐渐习惯有限期的等待。期待着和向往着一件事情，延迟的满足往往会令他更加欣喜。

◆ 帮助孩子锻炼意志力

孩子良好自制力的形成，需要经过一个由"他制"到"自制"的过程，而真正的"自制"需要强大的意志力作为后盾。刚开始时，父母可以鼓励孩子通过与家长、老师、小朋友等合作的方式相互监督，首先锻炼孩子"他制"的能力。随着孩子坚持性的不断提高，父母可以采用适当方法帮助他们顺利地完成从"他制"向"自制"的转变。

积极的心理暗示可以帮助孩子形成过人的意志力，平时可教孩子学习一些自我暗示的好方法，以帮助孩子在想要放弃的时候坚持下去。比如，当孩子坚持不下去的时候，鼓励孩子告诉自己："我一定行，不信试一

孩子的懂事是**教**出来的

试！""太棒了，我这次系的鞋带没有开，我会了！"

让孩子学会负责也能锻炼意志力。孩子在学会对一件事情负责的过程中，一定在努力克制自己把事情做好，更好地处理与合作伙伴的关系，这本身就是在进行自我控制。所以，让孩子对自己的行为以及由行为产生的后果负责，是培养孩子自制力的一个非常有效的办法。

培养孩子良好的自制力是一项长期而艰巨的任务，不可能一蹴而就，所以父母需要付出巨大的耐心。

教孩子树立规则意识

孩子来到这个世界，小脑袋里只是对这个世界充满了好奇和新鲜，并且会随心所欲地去探索，根本不知道还有什么规则限定。而现代社会处处充满规则，如游戏规则、家庭规则、交通规则、竞争规则等，不遵守规则将无秩序可言，一切都会乱糟糟的，甚至会出现生命危险。所以说，教孩子从小树立规则意识是必要的和重要的。

规则是人们在日常生活、学习、工作中必须遵守的科学的、合理的、合法的行为规范和准则。比如，游戏规则可以保证游戏公平、顺利、有序地进行；家庭规则可以保证家庭一日生活的事务按时完成，以及家庭成员之间和谐相处；交通规则可以督促行人和车辆各行其道，保证行人和车辆的安全；竞争规则可以保证竞争公开、公正、公平地进行，有效防止不当竞争。没有规则意识的孩子，想干什么就干什么，想什么时候干就什么时候干，想怎么干就怎么干，这显然是不能够得到大家认同的，如果执意这么做，那么他将成为一个孤独的人，将来也无法在社会上立足，更谈不上成才了。所以，家长要从生活细节入手，从小培养孩子的规则意识，让他们认识到生活中不可能没有规则,从而愿意学习规则、执行规则,并慢慢养成习惯。

◆从家庭规则入手培养规则意识

孩子从一出生就生活在家庭这个环境当中,所以从家庭规则入手培养规则意识是最好的切入点。父母可以为孩子量身定做一套合理的规则,明确规定哪些事情可以做、哪些事不可以做,以及什么时间做、如何做等。

一般在孩子2岁以后,可以考虑给孩子定一些规则,必须让孩子明白,自由并不是无限的,他必须接受并遵守一些规则。规则的内容要明确、具体,便于有效地约束孩子的行为。比如,像"大人不在家,不准触摸电器开关和电源插座"这样的规则就不妥,这会让孩子觉得大人在家的时候就可以触摸。正确的做法是严肃地告诉孩子,触摸电器开关和电源插座会有触电的危险,任何时候都不能碰。

一旦有了规则,就必须让孩子做到,绝不能三天打鱼、两天晒网。因为孩子良好习惯的养成很大程度上取决于父母的态度。如果规定孩子每天睡觉前一定要把他的玩具整理好,那么在实际生活中就必须这样要求他,等孩子养成这个习惯后,他就不会再故意耍赖或找借口不遵守了。

制定规则时最好让孩子一起参与,这除了表示对孩子的尊重外,还会增强他遵守规则的自觉性。当孩子的行为不合规矩的时候,父母就可以跟他讲道理,让他遵守规则,不能给孩子讨价还价的机会,更不能"乞求"他遵守规则。

◆在游戏中培养规则意识

游戏是孩子最喜爱的活动,也是一日生活的主要活动。通过游戏培养规则意识,可以让孩子在快乐的体验中感知规则,进而遵守规则。一些智力游戏、音乐游戏、角色游戏、体育游戏等,都是有一定规则的,假使没有这些规则,游戏就无法进行。

瑞士心理学家皮亚杰认为游戏规则是由儿童自己商定的,一旦确定了规

孩子的懂事是 教 出来的

则,参加的人就有义务遵守它。例如,孩子和伙伴一起玩游戏的时候,开始时是漫无目的地各自玩耍,一会儿就觉得没有意思,于是两个人商量游戏规则:你当"妈妈",应该干什么;我当"娃娃",应该干什么。一个生动的"娃娃家"活动就开始了。由于规则是孩子们自己制定的,就更具约束力,规则意识也会得到发展。

体育游戏也是孩子喜爱的活动。比如,可以让孩子玩"绑腿"游戏,两个孩子一组,把左右腿绑在一起,看哪一组先到终点。家长也可以参与其中。这种游戏让孩子知道合作也是一种规则,并学会如何与人合作。

游戏结束后,可以让孩子用规则来评价自己和他人的行为,如小朋友遵守得好,自己也遵守了,让孩子理解遵守规则是保证游戏正常进行的重要条件,这样能有效提高孩子遵守规则的自觉性。

◆引导孩子在生活中实践规则

孩子在游戏中获得的知识及规则,需要在实践中进行验证和强化,才能内化成规则意识。父母可以创造机会带孩子到社会实践中进行真正的锻炼,注重对孩子进行随机教育,同时要用自身的规则为孩子做出好的榜样,让孩子知道在真实的社会生活中是必须遵守规则的。

孩子通过游戏"红绿灯",了解了"红灯停、绿灯行"的交通规则,过马路要走"斑马线",妈妈可以在接送孩子上学的途中,有意识地走有信号灯的路口,红灯亮了就停下,绿灯亮了再行走,让孩子看妈妈是怎么做的,并告诉孩子这样做才安全。同时,可以让孩子在电视、网络上看看因为不遵守交通规则所产生的严重后果。

棋类游戏中,孩子了解了象棋、跳棋、围棋等各种棋类的不同下法与规则,爸爸可以和孩子进行实战;"银行"的游戏中,孩子懂得了取钱需要排队,妈妈可以带孩子去取钱,不管是柜台还是自动取款机,都是一样的,而且要在一米线外等候;"图书馆"游戏中,孩子知道在里面必须保持安静,不能大声喧哗，借阅图书要遵守规则，也带孩子亲自去体验一下，让孩子看看图书馆里的读者都是如何遵守规则的，再对比一下自己的行为，看自己是不是比他们做得都好。

孩子规则意识的培养不是一朝一夕就能完成的，父母要把规则意识的培养贯穿于日常生活之中，通过游戏及各种活动掌握规则，并反复实践，不断内化，最后形成自觉的行为习惯。

让孩子做到遵守纪律

纪律是指为维护集体利益并保证工作正常进行而要求成员必须遵守的规章、条文。纪律既然是维持人们一定关系的规则，则集体成员必须遵守。比如，机关有机关的纪律，在机关工作的全体人员就必须遵守机关的纪律；部队有部队的纪律，在部队工作和服役的所有人都必须遵守部队的纪律；学校有学校的纪律，老师和学生就必须遵守学校的纪律。对于孩子来说，上学后就成了学校里的学生，要遵守学校纪律。

◆让孩子知道遵守纪律是一种美德

纪律有一个明显特点，就是带有严格的强制性。就是说，违反纪律，就必须受到惩罚。

正是由于这种强制性会"束缚"人，使人"不自由"，有些孩子会产生一定的抵触情绪，因为他们认为自己应该是自由的，我行我素，想干什么就干什么。这种认识是肤浅的。父母要教育孩子认识到，无论在什么时代，人们的思想、言论、行动都要受到一定的制约，绝对的自由是不存在的。因为没有纪律的约束，人人都可以为所欲为，那么任何人的利益、财产、生命安全都将得不到保障。

孩子的懂事是 教 出来的

父母还要让孩子懂得,遵守纪律是一种美德,如果人人都能遵守纪律,社会将是一个开满鲜花的大家庭。父母可以让孩子想想,如果大家上学都迟到,那么老师就无法正常上课;如果没有课堂纪律,谁想说话就说话,谁想走动就走动,那么将无法完成课堂任务。同时,要让孩子知道,遵守纪律是遵守法律的基础,是良好的行为习惯的重要内容。通过道理上的引导,激励孩子自觉遵守纪律。

◆ **对孩子加强纪律性教育**

孩子小的时候,父母要教育孩子遵守一些规则,如读完书将书放回书架,按时睡觉、起床、进餐,遵守交通规则等。孩子上学后,父母要教育孩子认真遵守《中小学生守则》和《日常行为规范》,遵守学校的请假制度、清洁值日制度、赔偿制度,以及课堂规则、阅览规则、考试规则,做到准时到校,不迟到,不早退,不无故缺席、旷课,认真上课、课间和午间休息不吵闹、不做危险的游戏活动。同时,还要对孩子加强集体生活教育,如执行作息制度、与同学友好相处,尽己之力维护公共秩序。

尤其是到了高中阶段,由于孩子正处于人生观、世界观形成的关键时期,所以要在纪律教育中侧重理性上的疏导,让他们形成自觉遵守纪律的观念。这种疏导包括个人与社会、主观和客观、自由和纪律、权利和义务、法律和道德、法律和生活等方面的辩证关系的认识;还要注意培养比较宏观的思维方法,从而激发他们的社会责任感。

◆ **引导孩子进行自我评价**

父母可以指导孩子根据《中小学生守则》《课堂规则》等,为每个阶段制定一个目标,规定自己在纪律方面应该达到什么程度,如本月出全勤、课堂上举手回答问题、课间不打闹、集体活动不迟到等。这些目标都是具体可行的,让孩子根据内容画一个表格,贴在家里的墙上,督促他每天晚上进行自我评价,哪些做到了,哪些没做到,表扬孩子做得好的,分析没做到的原因，以便改进。这样做可以起到自我检查、自我激励、自我提高的作用。

只要孩子经常进行自我评价，不断检查自己，对自己遵守纪律的情况进行反馈，不断调整自己的言行，就能达到自我约束、自我监督的效果。自我评价能调动自身的积极性，充分发挥遵守纪律的"内驱力"，但是光靠孩子自己评价仍然不够，父母还要经常给孩子指导和帮助，适时为孩子提一些建议，效果更好。

◆**有意识地对孩子进行训练**

良好的习惯是长期反复、积累和强化的结果。因此，要想让孩子养成遵守纪律的良好习惯，同样需要反复训练。因为训练可以使机体与环境之间形成稳固的条件反射。

对孩子进行训练要严格，特别是在关键时刻，要鼓励孩子咬紧牙关坚持下去，不能让不良习惯占了上风。训练还要反复进行，不反复进行训练，良好习惯不可能自动形成。养成好的习惯好比一个"系统工程"，需要一定时间，要有持之以恒的精神。特别是不遵守纪律的孩子，已经有了违犯纪律的不良习惯，矫正这个习惯更需要持久反复地进行。

对孩子加强纪律教育，提高遵守纪律的自觉性，有利于孩子个性的充分发展和整体素质的提高，对孩子的学习和生活都起着较大的促进作用。父母不要放松对孩子进行守纪律、守秩序的教育，相信通过点点滴滴的培养和锲而不舍的努力，遵守纪律就会成为孩子的习惯，这种良好的习惯将是孩子一生的财富。

孩子的懂事是 教 出来的

对孩子进行法制教育

目前少年犯罪率呈上升趋势，特别是十二三岁的少年犯罪持续增长。少年犯罪给家庭带来灾难，给社会带来严重危害。这样的孩子将来走入社会，犯罪率也很高。因此，在家庭中对孩子进行法制教育，是时代的需要，也是孩子成才教育必不可少的内容。

首先，教孩子知法。现在的孩子受父母溺爱，为所欲为，加上有的父母对孩子管教无方，或者孩子缺少家庭温暖，致使孩子走向违法犯罪的道路。另外，由于法制观念淡薄，法盲现象严重，在不知什么是违法犯罪的情况下触犯法律的事也屡有发生；而因缺乏法律意识，在自身受到侵害可以运用法律武器保护自己时却不会保护、吃哑巴亏的人也有不少。所以，父母首先要教孩子知法。

中小学生应该了解和遵守《中华人民共和国义务教育法》《城市道路管理条例》《城市市容和环境卫生管理条例》《食品卫生法》以及《未成年人保护法》中的有关保护中小学生的规定，认识纪律和自由的关系，知道民主和集中的关系，自觉遵守社会公共生活秩序；了解《未成年人保护法》中的"社会保护"，增加自护知识和自卫能力，懂得民主与法制的关系，增强民主意识和法制观念，有依法办事的意识，提高依法处理问题的能力；学习预防未成年人犯罪法，了解一般的法律程序，有运用法律保护自己权益的能力，了解人权基本常识，学习和体验不同角色的社会规范，懂得遵守规范对个人是有益的。

父母可以买一两本有关法律的书放在家里，经常翻阅，大有好处，让孩子知道哪些事情是可以做的，哪些是不能做的，哪种行为是合法的，哪种行为是违法的，划清守法与违法的界限。当然，最好能联系社会生活实际，经常议论一些法律问题，有利于孩子和全家人形成法律意识。

其次，教孩子守法。要让孩子知道，知法的目的是为了更好地守法。父母平时要不断地教育孩子了解法律常识，自觉遵守国家各种法律法规，绝不能视法律为儿戏，使孩子从小成为知法守法的小公民。一方面，可以让孩子通过电视、网络等媒体看一看违法乱纪的后果，以起到警示作用；另一方面，若发现孩子言行中的不良苗头，一定要防患于未然。

丰富家庭健康的文化生活也可以帮助孩子守法。家庭文化生活贫乏，难以满足孩子的精神需要，孩子往往到外边去寻找各种各样的刺激：聚群游荡，误入不良团伙；打架斗殴，欺负弱小；劫钱玩乐，赌博酗酒；看"黄"传"黄"……从违纪到犯法，下坡路走得非常快。父母要充分意识到，孩子除了学习任务外，还需要亲情、友谊、娱乐、审美等。为了孩子健康成长，也为了家庭幸福，应该努力丰富家庭的文化生活，摒弃那种只重物质轻精神、只顾挣钱轻文化、只管学习轻品德的错误做法。

再次，教孩子用法。即教育孩子懂得运用法律武器保护自己的合法权益。现在的大众传媒非常发达，经常会报道运用法律武器保护合法权益的案例，这是对孩子进行法制教育的活教材。父母应该跟孩子一起看、听、讨论，树立保护自身合法权益的意识。如果亲戚、朋友或自家有的人合法权益受到侵害，应鼓励受害人积极行动，寻求法律的保护与支持。这个过程对孩子的教育最直接，也最有效。

有的孩子懂得法律常识，而且也知道应该守法，但有时一碰到具体问题，由于感情冲动、斤斤计较、缺少谦让，以致失去理智、头脑发热、以身试法。所以，父母还要教孩子学会冷静思考、懂得谦让，遇事让人三分，有一颗包容的心，才不会为了一件小事而把法制观念抛到脑后，做出违法的事来。

　　另外，教孩子学会自我保护也是必要的。生活中总有一些事情是无法估计和突然发生的。孩子由于体力差和经验少，特别容易受到伤害。因此，我们平时要培养孩子的自我保护意识和能力，以避免意外和危险发生。除了知法、懂法、守法外，掌握科学常识也能使孩子避免意外伤害。例如，告诉孩子，药物不可以乱吃，电器、燃气不可以乱用，打雷时不要站在大树下，教孩子学会在火灾时脱身、溺水时自救、流血后包扎的方法。同时，需要戒除"毒品到底是什么滋味，我只尝试一次"的好奇心，戒除"打赌从二楼跳下去"的不怕死心理等。此外，要告诫孩子，不轻信陌生人的话，对自己认识的人也要有防范意识，还应该记住关键的电话号码并会打电话报警，以及多学几种机智避开坏人的方法。

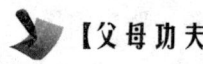
不要让孩子被怒火所左右

　　愤怒是一种消极的感觉状态，是很消耗能量的一种不理智行为。愤怒是指我们的愿望不能实现或为达到目的的行动受到挫折时引起的一种紧张而不愉快的情绪。生活中，每个人都会表现出喜怒哀乐的情绪，愤怒也很正常。动怒时，有的人大喊大叫，有的人敌对情绪明显，有的人乱摔东西，有的人怒目而视、沉默不语。孩子也会产生愤怒的情绪，如学自行车时摔一跤就会使劲拿脚踢车子、因为同桌不小心碰掉了他的铅笔盒就把人家的鼻子打出血了、考试没考好就把卷子撕个粉碎等。作为父母，我们不应该压制孩子动怒，但却可以帮助孩子用积极的方法引导自己的情绪，使孩子不随意地发泄愤怒。

　　◆**让孩子知道，愤怒毫无作用**

　　无论什么原因惹得孩子发怒，都要告诉孩子，发怒不能解决任何问题，而且会给自己的身心带来伤害。

多数情况下，愤怒是没有任何作用的。既然如此，那我们就选择不愤怒。把这个道理讲给孩子听，或者可以让孩子想想，自己踢了自行车一脚，自行车没有任何反应，也许还会把自行车哪个零件踢坏了，还得花钱去修，同时自己的脚是不是也疼了一阵，自己的大脑是不是很紧张。通过这样的引导，让孩子知道，愤怒不仅无济于事，还会影响消化功能，容易患高血压、冠心病等疾病，当孩子再想发怒时，他就会适当地约束自己。

◆ 了解原因，对症下药

孩子愤怒的原因是多方面的，父母只有了解孩子发怒的真正原因，才能对症下药，帮助孩子舒缓心理，控制愤怒。

首先，父母过于娇惯孩子，只要孩子一发脾气，便会满足孩子的任何愿望。所以，孩子发怒的一个原因可能是愿望没有得到满足。其次，孩子尝试独立地去解决一些事情的时候，由于能力有限、社会知识经验不足、解决问题的方式方法不对等原因，常常容易弄巧成拙。孩子情绪的自我调控能力较差，冲动性较为明显，因此在孩子感觉比其他孩子差或者是受到了批评指责的时候，常常会乱发脾气，甚至产生攻击性行为。最后，孩子的挫折忍受度比较低，好胜心强，渴望成为焦点，害怕受到伤害等特质，也是孩子容易发怒的原因之一。

父母可以引导孩子说出生气的原因，并对孩子给出的合理理由表示理解和尊重，如可以对孩子说"我知道你受到了伤害，我们一起来想办法解决"，但应该拒绝那些毫无道理的借口。同时，要针对性地疏导孩子的情绪，帮助孩子从愤怒中走出来。

有时，孩子生气的时候，不会把爸爸妈妈的话听进去，也不会接受任何建议和批评，或许根本不想让父母知道真相，他只是想让妈妈理解他的心情、了解他的感受，所以不要在孩子发脾气的时候不分青红皂白地斥责孩子，可能及时的理解和安慰就能给予孩子很大的帮助。

但是，很多孩子害怕失败，不愿意承认自己有错，在遇到问题的时候就采用迁怒于别的人或事物，来逃避面对自己的失败。这时，父母要教育孩子勇于面对困难、坦诚自己的过失、承担责任，让孩子用勇敢的行为击败愤怒。

◆引导孩子转移注意力

孩子发脾气的时候，父母可以引导孩子去干别的事情，转移孩子的注意力，避免孩子受到更大的刺激，待情绪稳定后再加以教育。比如，孩子受到欺负，准备动手打别人，妈妈可以及时带孩子离开那个环境，告诉孩子玩球的时间到了，并和孩子一起玩一会儿球。事后，可以告诉孩子，再生气也不能动手打架。对于大一点的孩子，可以告诉他，如果遇到一些让自己愤怒的情境，要尽量躲一躲，避免愤怒升级导致攻击性行为。比如，可以出去走一走，听听音乐，或者和谈得来的朋友在一起聊聊天，干点自己喜欢的事，心情就会好起来。

◆教孩子适当宣泄愤怒

如果真的做不到不生气，那么就引导孩子适时把愤怒发泄出去，这比把气憋在心里要好得多。比如，让孩子用双手挤压泥土、撕废纸、到户外或者自己的房间大叫、拍打枕头或者扔球玩，也可以去跳跳健美操、打打沙袋，这些都能够帮助孩子以健康的方式消除心中的怒气，都能减少愤怒对自身的伤害，但要教育孩子注意情感的宣泄要以不损害他人的利益为前提，不可做出过激的行为。